프리다이빙 산책

우리 모두는 바다에서 태어났다

프리다이빙 산책

Free Diving

최재호 지음

좋은땅

목차

2

바다,
그 수면 아래로

3

프리다이버가 떠나는 세계 여행

바다와 자유를 진정으로 갈망하는 분께 이 글을 바칩니다.

물, 불, 바람, 별, 나무, 공기, 자연을 사랑하는 사람은 인간이 어디에서 태어났고, 어디로 돌아가는지 이해하고 있습니다.

프리다이버가 된다는 것은 내 안에 있는 자아를 만나러 떠나는 여행입니다. 한편으로 인간의 근원을 찾아가는 일이기도 합니다. 전혀 새로운 인간으로 진화하는 것이 아니라 내 안에 숨겨진 본능을 발견하는 일입니다. 누구나 프리다이버가 될 수 있습니다.

수년 전 우연히 적도 부근의 태평양 한가운데 펼쳐진 바다를 경험한후, 그곳을 떠나오는 마음이 편치 않았습니다. 이후 세계의 여러 바다를 서성이다 마침내 프리다이빙을 삶의 일부로 받아들이게 되었습니다.

본격적으로 프리다이빙 교육을 하면서 겪었던 인상적인 경험을 책으로 엮어서 공유하면 좋겠다는 생각으로 이 글을 쓰게 되었습니다. 이제 막 시작하는 분들에게 도움이 되길 바랍니다.

글쓰기에는 재능이 부족하여 다소 거칠게 쓴 초안을 많은 분들이 교정 및 감수 과정에 도움을 주셨습니다. 특히, 미래의 소설가 이정혁 님께서 인내심을 가지고 마지막까지 큰 도움 주신 점 마음으로 감사합니다. 출처를 언급하지 않은 책의 사진들은 제가 100% 직접 촬영한 사진입니다. 물속 모델이 되어 주고 출판 시 사용할 수 있도록 허락해 준 갈라파고스 프리다이빙 팀원들에게도 감사의 마음을 전합니다.

마지막으로, 제가 이 글을 완성할 수 있었던 열정과 끈기의 원천은, 늘 곁에서 함께하며 격려와 지원을 아끼지 않은 사랑하는 아내와 아들 덕분입니다. 고맙고 또 사랑합니다.

갈라파고스 프리다이빙 대표 강사 최재호

1
프리다이빙,
시작해 볼까?

1

프리다이빙의 역사

포세이돈의 부름을 받다

긴 수염에 삼지창을 들고 바다와 폭풍을 자유자재로 호령하는 신이 있다. 그리스 신화에 등장하는 포세이돈이다. 올림포스의 모든 바다와 하천과 샘물을 지배했고, 말을 타고 바다 위를 달렸으며, 돌고래를 호위병으로 거느렸다. 해양민족이었던 그리스인들은 포세이돈을 숭배하기 위해 제를 올리고 신전을 세웠다. 포세이돈 신전은 그리스의 하얀 절벽 위에 서 있고 아래로는 푸른 에게해가 끝없이 펼쳐져 있다. 세계 문명의 배꼽이라 불리는 그리스의 대문호 니코스 카잔차키스가 "죽기 전에 에게해[1]를 보는 자에게 행운이 있으리."라며 예찬했던 그 바다다.

....

1) 그리스 본토, 소아시아 반도의 서해안 및 크레타섬에 둘러싸인 동지중해의 해역.

고대 인류에게 바다는 삶의 터전이자 두려움의 대상이었다. 그들은 바다에서 삶을 일구었고, 인생의 땀방울을 새겼으며, 그곳에서 태어나고 그곳으로 돌아가 죽는 것을 영광으로 생각했다. 바다는 자궁이자 묘지였다. 때때로 거친 파도와 폭풍이 그들의 가족을 덮쳐 생명을 앗아 갈 때도 있었는데, 그것을 바다의 신이 노한 것으로 여겼다. 신에 대한 두려운 마음을 달래기 위해 신을 섬겼고, 신들의 분노로 인한 액운으로부터 비켜나기 위해 제물을 바쳤다.

몇 년 전 나는 그리스 문명에 대한 호기심을 품고 지중해 여행을 떠났다. 특별한 계획 없이 발길 닿는 대로 움직여 보자고 시작한 여행이었다. '산토리니'로 알려진 '티나'섬에서 에게해의 푸른 바다를 보고 있자니 문득 포세이돈이 떠올랐다. 무언가에 이끌리듯 아테네에서 80km나 떨어진 수니온 곳(Cape Sounion)에 있는 포세이돈 신전을 찾아갔다. 일정에 없던 고대의 신을 향한 발걸음이었다. 인적이 끊어진 신전은 자신의 흔적조차 지우려는 듯 남쪽 바다의 메마른 절벽 위에 서서 구름 한 점 없는 하늘의 태양을 또렷이 응시하고 있었다. 숨이 막힐 듯 웅장했고, 숙연해질 만큼 거대했다. 한낮의 최고 기온이 40도에 달할 정도로 뜨겁지만, 습기가 없는 남유럽의 날씨 때문에 문득 물속으로 몸을 던지고 싶은 욕구가 일었다. 돌기둥으로 만들어진 신전 옆으로 오솔길이 나 있어 작은 풀과 나뭇가지를 젖히며 해안으로 내려갔다. 그곳에서는 놀랍게도 긴 수염의 노인이 전라의 상태로 헤엄치고 있었다.

그 모습은 마치 포세이돈이나 자유로운 영혼 조르바를 연상케 했다.

▲ 〈포세이돈 신전〉 그리스의 포세이돈 신전은 수도 아테네에서 차로 1시간 반 거리에 있다. 그가 바다를 지배했던 이야기가 선율이 되어 우뚝 솟은 기둥 사이로 울리는 듯하다. 지중해가 내려다보이는 수니온 곶의 절벽 위에 서서 한 치의 흔들림 없이 태양을 마주하고 있다.

인기척을 의식한 노인은 물속에서 동작을 멈추고 나를 물끄러미 바라보았다. 한참을 그렇게 눈을 마주치고 있던 노인이 부드러운 손짓으로 나를 불러들였다. 거대한 자석에 이끌리듯, 입고 있던 감색 티셔츠와 붉은색 반바지를 벗어 버리고 원시 상태가 되어 바다신의 앞뜰에 몸을 담갔다. 바닷물은 적당히 시원하고 따뜻하기도 해서 헤엄치기 좋았다. 물속에는 작은 물고기들이 떼 지어 다니며 산호에 몸을 숨겼

프리다이빙 산책

다 나오기를 반복하고 있었다. 물속 세상은 가장 평화로워 보였다. 영화의 한 장면처럼, 노인과 나는 아무런 대화 없이 바닷속을 유유히 노닐었다. 자맥질에 지쳐 먼저 뭍으로 올라온 후에도 노인은 바닷속에서 나올 줄을 몰랐다. 인간과 바다가 한 몸이 되는 풍경을 나는 그곳에서 처음 마주하게 되었다. 이때만 해도 훗날 내가 프리다이버가 될지 몰랐다. 어쩌면 이날 헤엄을 치면서 바다가 나눠 준 작은 물의 씨앗을 마음속에 품게 되었을지도 모른다.

▲ 〈에게해의 투명한 바다〉 처음 보는 노인에게 자석처럼 이끌려 들어간 에게해의 바다. 에게해의 바다에서 알몸이 되어 자연과 하나가 되는 순간을 만끽했다. 인적이 드문 곳에서 실오라기 하나 걸치지 않고 바다에 들어가는 것은 묘한 느낌이었다.

현대 프리다이빙의 아버지, 자크 마욜

　고대의 인간에게 바다는 경외의 대상이었지, 인간과 동화될 수 있는 존재는 아니었다. 20세기에 프랑스인 자크 마욜(Jacques Mayor, 1927~2001)[2]가 나타나기 전까지 말이다. 1960년대까지만 해도 현대 의학에서는 인간이 30m 이상 잠수하는 것은 불가능하며 100m까지 잠수하는 것은 자살 행위와 같다고 입을 모았다. 당시 의사나 생리학자들은 물속에서 10m 내려갈수록 1기압씩 올라가는데 인간이 맨몸으로 100m까지 내려가면 물의 압력으로 폐와 내장이 터질 것이라고 경고했다.

　바다의 품에서 자란 자크 마욜은 그들이 바다를 모른다고 단언했고 그들의 조언에 코웃음을 쳤다. 결국, 그는 1976년 49세의 나이에 수심 100m(330ft) 잠수에 도전해서 성공했다. 바로 이때부터 현대 프리다이빙의 역사가 시작되었다. 너무 위험해 보여서 아무도 시도하지 않았지만, 그는 한계를 본능적으로 극복할 수 있다고 믿었다. 끊임없이 시도했고, 그리고 성공했다. 그는 멈추지 않았다. 1983년 56세의 나이로 수심 105m까지 잠수 신기록을 수립했고 프리다이빙계의 선구자가 되었다. 이를 계기로 인간의 잠수 능력에 대한 더 깊은 연구가 진행되었다.

....

2)　세계 최초로 330ft(100m) 프리다이빙에 성공한 프랑스인.

▲ 〈바다, 그리고 한계〉 1960년대에 전문가들은 입을 모았다. 인간이 맨몸으로 30m 이상 다이빙하는 것은 불가능하다고. 수압으로 인해 결국 폐가 터질 거라고 경고했다. 자크 마욜은 이런 조언을 무시하고 직감에 따라 행동했고 결국 인간의 한계인 100m의 벽을 넘을 수 있었다. 새로운 길을 개척하는 것은 늘 용기가 필요하다.

인간의 폐는 수심 10m에서 절반의 크기로 쪼그라들고 수심 20m에서는 삼분의 일로 줄어든다. 당시에는 몰랐지만, 수심이 깊어질수록 인체는 바다의 압력에 적응하는 것으로 밝혀졌다. 물속에서 심장박동 수가 현저히 떨어져 산소 사용량을 줄인다는 것이 그 증거이다. 또한, 주요 장기인 뇌와 심장, 폐에 피가 몰려서 깊은 압력에도 견딜 수 있다. 수심 40m 이상 내려가면 혈액으로 가득 찬 폐는 더는 작아지지 않는다. 포유류의 특성을 가진 인간은 100m 이상의 수압에서도 견딜 수 있도록 진화된 것이다. 자크 마욜의 전설적인 도전을 뤽 베송(Luc Besson, 1959~) 감독이 영화 〈그랑블루〉(Le Grand Bleu, 1988)를 통해 세상에 소개했다. 이 영화는 한국에서 큰 인기를 얻어 명작의 반열에 오르게 되었고 2013년 여름 재개봉되면서 프리다이빙이 세상에 널리 알려지게 되었다.

프리다이빙의 어머니, 제주 해녀

엄밀히 말하면 프리다이빙은 동양에서 처음 시작되었다고 주장할 수 있을지 모른다. 유럽에서 프리다이빙 형태의 스포츠가 발달하기 전에 따뜻한 한반도의 남단인 제주도에서는 해녀들이 생업을 위해 해산물을 채취했다. 그들은 최대 20~30m 이상 잠수하는 능력을 지니고 있었다. 이웃 나라 일본에서도 아마(AMA)라고 불리는 해녀들이 있었다. 언제부터 시작되었는지 정확히 기록되어 있지는 않지만 1,000년 전부터 잠수한 것으로 추정된다. 국가 기록원에 따르면 고려 숙종(1054~1105) 때인 1105년에 "남녀가 어울려서 바다에서 조업하는 것을 금한다."라는 기록이 남아 있다. 이때는 해남(海男)도 있었다는 말이다. 하지만 이들은 생업이나 왕에게 공물을 바치기 위해서 일한 것이지 순수한 스포츠를 즐기기 위해 활동한 것은 아니었다.

·

같은 일을 해도 헬스장에서 역기를 반복해서 들면 운동이 되는 것이고 공사장에서 벽돌을 옮기면 노동이 되는 것처럼 하는 행위는 비슷하지만 자크 마욜과 제주도의 해녀는 완전히 다른 길을 가게 되었다. 물론, 두 가지 모두 자아실현을 위해서 혹은 생계유지를 위해서 꼭 필요한 행위였음은 두말할 나위가 없다.

프리다이빙, 기지개를 켜다

20세기에 이르러 2개의 세계적인 프리다이빙 단체가 만들어졌다. CMAS(세계수중연맹)은 1959년 프랑스 파리에서 세계 각국의 다이빙 연합체로 결성되었다. 이보다 조금 늦은 1992년에 프랑스에서 AIDA[3] 라는 단체가 각국 프리다이버들에 의해 비영리 목적으로 조직되었다. AIDA는 최근의 공식적인 프리다이빙 대회를 주최하고 세계기록을 관리하고 있다. 이 단체는 한국에 90년대부터 소개되었고 2010년에 들어서 AFIA(Apnea Freediving International Association)라는 국제 무

....

3) AIDA: International Association for the Developement of Apnea 국제수중무 호흡다이빙개발협회.

호흡 프리다이빙 협회가 설립되면서 일반인들에게 알려지게 되었다.

　최근에는 텔레비전을 비롯한 각종 미디어를 통해 일반인 사이에도 프리다이빙이 알려지면서 CMAS, AIDA, SSI, PADI, RAID 등 수많은 단체가 민간 교육에 참여하고 있다. 단체는 달라도 교육 내용은 비슷한 편이므로 프리다이빙에 관심이 생겼다면 가까운 교육기관을 찾아서 문의해 보자.

"The sea is my lover(바다가 나의 연인이다)."

- 자크 마욜의 생전 The telegraph media 인터뷰 中

▲ 새벽 5시 동틀 무렵에 찾아간 포항 영일만 바다는 영롱한 빛이 감싸고 있었다. 아침부터 어렵게 배를 구하고 출근 전에 프리다이빙하러 가자고 프로그램을 만들었는데, 의외로 많은 갈라파고스 팀원들이 모여서 놀랐던 아침. 이날은 바다의 여신 테티스가 함께 해주었는지 하늘의 분홍색 빛이 동해에서 맞이하는 아침이라고 믿기 힘들 정도다.

2

프리다이빙은 왜 배워야 할까?

누구나 한 번쯤은 인간이 어디에서 태어났는지 궁금증을 가져 본 적이 있을 것이다. 나도 가끔 그런 생각을 하곤 하는데, 내 생각이 온전할 수 없고 객관적으로 검증된 바도 없으니 여러 책에 나오는 이야기를 빌려 보려고 한다.

먼저, 가장 오래되고 잘 알려진 그리스 로마 신화에 의하면 신의 세계에서 불을 훔쳐 달아난 프로메테우스가 흙을 빚어 남자를 먼저 만들었고, 제우스가 그에 대한 벌로 여자를 만들어 냈다고 한다. 이 여자는 여러분들이 잘 아는 판도라다. 판도라의 상자를 열어서 인간 세상을 어지럽게 만들게 된 장본인이다. 상자를 절대 열지 말라는 신들의 당부에도 불구하고 상자를 열었고 실수를 깨달은 순간 뚜껑을 빨리 닫았지만 때는 이미 늦어 상자 속에는 헛된 희망만 남게 되었다는 이야기. 어릴 적에 한 번쯤 읽어 보거나 들어 보았을 것이다.

또 종교의 이야기를 빌리자면, 성경에서는 절대자(신)가 천지 창조를 시작한 후 7일째 되던 날 진흙을 빚어서 아담과 이브를 만들었다고 한다. 앞선 그리스 로마와 마찬가지로 흙으로 사람을 빚었다고 하지만 인간을 만든 신의 이름이 프로메테우스에서 하느님(기독교에서 일반적으로 생각하는 신)으로 이름이 바뀌었다. 인류가 수천 년간 의심 없이 믿어왔던 이 이야기는 200여 년 전 영국의 과학자 찰스 다윈이 비글호를 타고 영국에서부터 에콰도르의 갈라파고스까지 여행하면서 얻은 깨달음, "모든 생명은 물에서 태어나고 진화했을 것이다."라는 가설로 대체되었다. 2,000년이 넘게 진리로 여겨졌던 믿음이 흔들린 것이다. 그 후로 2세기라는 시간이 흐르면서 현대 과학자들에 의해서 찰스 다윈이 세운 가설의 증거와 논리는 점점 탄탄해져 왔다.

◀ 〈갈라파고스 육지 거북이〉 찰스 다윈이 도착한 에콰도르 갈라파고스섬에서 만난 육지 거북이. 여전히 느리지만 꾸준한 진화의 과정을 거치고 있다. 인간의 진화 과정은 정방향으로만 가는 것일까? 혹은 프리다이빙이라는 스포츠를 배우면서 거꾸로 나아갈 수도 있는 것일까?

현대 프리다이빙의 선구자 자크 마욜(최초로 100m 수심을 내려가는 데 성공한 다이버)의 후예인 프랑스인 기욤 네리의 지론에 따르면 프리다이빙은 '자신의 근원'과 연결되는 일이라고 한다. 이 선수는 프랑스인 최초로 126m 다이빙에 성공했을 뿐만 아니라, 자신이 즐기는 행위를 철학적으로 승화하는 데 성공했다. 그는 단순히 깊이 내려가는 것이 프리다이빙이 아니라 물과 마주 보고 자연에 순응하는 것이 자신의, 아니 인류의 근본을 찾아가는 행위라고 정의하였다. 그는 물속에 들어가서 몇 초에서 수분간 숨을 참으면 우리가 태어난 근원과 다시 연결된다고 생각했다.

기욤 네리가 TED 강연에서 한 이야기들을 좀 더 살펴보기로 하자. 현대인들은 매일매일 극심한 스트레스 속에서 살아간다. 잠시도 쉬지 않고 생각해야 하고 움직여야 한다. 그런데 프리다이빙은 어떤가? 필수적으로 숨을 멈춰야 하는 시간이 발생한다. 인간은 숨을 멈추는 순간, 생각도 멈춘다. 마음이 차분해진다. 그래서 기욤은 프리다이빙은 물속의 휴식과 같으며, 미학적이며, 시적이면서 극히 예술적인 행위라고 말한다. 나 또한 프리다이빙 강사로 활동하면서 물속 세계를 많이 겪다 보니 기욤 네리의 생각에 공감하게 되었다.

지구의 70%는 바다, 즉 물로 이루어져 있다. 인간이 살아가면서 아무리 많은 경험을 육지에서 한다고 해도 나머지 70%에 대해서는 그저 넓고, 깊고, 새파랗고……라는 아주 피상적인 느낌으로만 이해하며 살다가 죽어 간다. 그런데 프리다이빙을 배우는 순간 물은 나의 놀이터가 된다. 물이 있는 곳이라면 계곡이든 바다든 뛰어들고 싶다는 생각으로 몸부림치게 된다. 물속에 들어가서 작은 물고기를 보거나 물의 흐름을 느끼면서 다이빙을 할 때, 마치 우리는 완전히 다른 세상으로 발을 내디딘 것 같은 착각에 빠진다. 물속의 세계와 물 밖의 세상은 얼마나 다른가! 프리다이빙을 접해 보지 않은 사람은 절대 알 수 없는 느낌이다. 온몸으로 물을 느끼며 상승할 때 물속으로 쏟아지는 빛의 향연들…… 물보라를 일으키며 상승하는 공기 방울에 부딪혀 산산이 흩어지는 수면의 형상들…… 비 오는 날의 다이빙은 어떤가? 잔잔한 바다 표면에 빗방울이 똑똑 떨어지는 것을 수면 아래에서 지켜볼 때, 비록 몇 초 동안이지만 상상 이상의 경험을 할 수 있다. 프리다이빙을 배우면서 10m, 20m 목표한 수심에 도달했을 때 느끼는 성취감도 대단하다. 도대체 인간은 얼마나 더 깊이 내려갈 수 있을까 하는 의문을 자신의 온몸으로 던지게 된다.

동양에서는 오래전부터 아픈 사람들을 물을 활용해 치료하곤 했다. 옛이야기에는 선녀가 나온다는 신비의 호수, 물에 들어갔다가 나오기만 해도 자연 치유가 되는 샘이 나오며, 지구상의 수많은 온천에도 사람들의 발길이 끊이지 않는다. 이렇듯 물은 생명의 근원이자 치유의 샘이다. 몸의 병만 고쳐 주는 것이 아니라 마음의 병도 보듬어 주는 소중한 공간이다. 프리다이빙을 배운다는 것은 물을 이해하고 자연과 내가 하나 되는 행위이다. 마음을 더 비운 사람만이 1㎝라도 더 내려갈 수 있으며 깊이 내려갈수록 겸손해진다. 긴장을 완전히 풀고 자연의 힘에 순응하며 내 몸을 완전히 맡길 수 있어야 한다. 육체적이고 정신적인 성격을 모두 가진 운동이 바로 프리다이빙이다.

기욤 네리의 말로 이 글을 마무리한다.

"물속에 들어가서 주위를 둘러보고 다시 수면으로 올라와 보세요. 물론 아무런 흔적을 남기지 마시고요. 이런 식으로 자연과 하나가 될 수 있다는 것은 정말 황홀한 일입니다."

이제는 당신의 차례입니다.
완전한 자유를 찾아보세요.
바다는 그 경험을 제공합니다.

3

프리다이빙과 수영 능력

저는 맥주병입니다만, 글쎄요

수영을 못하는 사람도 프리다이빙을 할 수 있을까? 결론부터 말하자면, 'Yes'이다. 반대로 아무리 수영을 잘하는 사람이라도 이퀄라이징[4]이안 된다면 3m 깊이의 얕은 물속으로도 내려갈 수 없다. 스쿠버다이빙과 프리다이빙의 가장 큰 차이는 다이빙할 때 장비의 도움을 빌리느냐아니면 자신의 신체 능력만으로 하느냐에 달려 있다. 스쿠버다이빙의경우 Open water 자격증을 따면 수심 18m까지, Advanced 자격증을따면 수심 40m까지 잠수할 수 있다. 반면에 프리다이빙은 공기통이나레귤레이터[5] 같은 전통적인 스쿠버 장비를 사용하지 않고도 더 깊이

....

4) Equalizing: 귀가 막힘을 해결하는 기술, 수중 압력평형 기술.
5) Regulator: 물속에서 숨을 쉬려고 물고 있는 호스가 있는 장치.

잠수할 수 있는 이점이 있다. 최근에는 해양 오염을 우려하는 나라들이 늘어나면서 다이빙 포인트로 유명한 해양국립공원들이 Advanced 이상의 자격을 요구하는 경우가 많아지고 있다. 그 이유는 초보 다이버들이 산호나 해양 식물을 훼손할 가능성이 크기 때문이라고 한다.

▲ 〈물에 대한 마음가짐〉 수영을 잘하는 사람이 프리다이빙을 배우면 도움은 되겠지만 더 빨리 배울 수 있는 것은 아니다. 가장 중요한 것은 물을 대하는 마음가짐과 노력하는 자세의 존재 여부다.

몇 미터까지 들어가 보셨나요?

프리다이빙을 입수(入水) 깊이를 기준으로 등급을 나누면 보통 10m 이내는 초급, 20m 전후는 중급, 30m 이상은 마스터급으로 분류한다. 물론 이 기준은 AIDA와 SSI 등 단체마다 조금씩 다르다. AIDA의 경우 마스터 다이버가 되면 최대 40m까지 잠수할 수 있다.

일반인이 생각하기에 수심 10m도 매우 깊은데, 과연 수영을 얼마나 잘해야 아무런 장비 없이 튜브에 매달린 안전장치용 줄만을 믿고 깊이 잠수할 수 있는 것인지 놀랍기만 하다. 국가대표급 수영 선수까지는 못 되더라도 동호회 수영에서 난다 긴다 하는 선수 정도는 될 것으로 생각하기 쉽다. 그러나 사실 프리다이빙은 수영을 전혀 못 하더라도 자신의 한계에 도전하며 즐길 수 있는 스포츠이다. 물론 처음에는 전문 강사의 도움을 받아야 한다. 자신이 사는 지역에 5m 깊이의 풀장이 있다면 바로 시작할 수도 있다. 다만 프리다이빙 자격증이 없는 사람의 경우 강사와 함께 입장해야 한다. 만약 두 사람 이상이 각자 프리다이빙 자격증을 가졌다면 강사가 동행하지 않아도 5m 깊이 풀장에 입장할 수 있다. 왜냐하면, 만에 하나라도 수중에서 안전사고가 발생한다면 버디(buddy, 친구)가 필요하기 때문이다. 스쿠버다이빙과 마찬가지로 기본적인 안전 수칙을 잘 지킨다면 프리다이빙 역시 안전한 스포츠에 속한다.

수영까지 잘한다면 금상첨화

　수영을 못해도 프리다이빙을 시작할 수 있지만, 수영을 잘한다면 약간 유리한 점이 있다. 덕 다이빙[6]을 배우거나 물을 잡아채서 글라이딩을 할 때 보통 사람보다 조금 더 유연성을 발휘할 수 있다. 사실 이것은 미미한 차이라서 수영을 못하더라도 이퀄라이징(equalizing: 귀 막힘을 해결하는 기술, 수중압력평형) 능력이나 스테틱(static: 호흡 정지 상태) 능력이 뛰어나다면 얼마간의 연습을 통해 마스터급 프리다이버가 될 수 있다. 다만, 프리다이버로 입문하기 위해 가장 중요한 것은 물에 대한 공포심이 없어야 한다는 것이다. 물을 좋아하지 않는 것은 괜찮다. 사실 동양인의 50% 이상이 물에 익숙하지 않다. 그 이유는 아마도 어릴 적에 바다에서 튜브를 타고 발이 안 닿는 곳까지 멀리 밀려 나갔을 때의 좋지 않은 기억이 남아 있기 때문일 것이다. 물에 대한 공포심이 있는 사람이라면 실내 풀장에서 연습하고 명상을 하거나 전문가의 도움을 받아 물에 대해 조금씩 익숙해지도록 하는 것이 좋다. 누구나 극복할 수 있는 정도의 심리적 장애이니 자신감을 느끼도록 하자.

---

6)　Duck-diving: 오리가 물속으로 잠수해 들어가는 모양에서 힌트를 얻어 만들어진 용어. 수면에서 수직으로 방향을 틀어 잠수하는 방법.

구명조끼나 튜브 없이도 물에 뜰 수 있다!

    수영을 못해도 프리다이빙을 즐기는 방법에는 스노클링(snorkeling: 간단한 장비만으로 수중 관광을 즐길 수 있는 사계절 레저 스포츠)이 있다. 물에 대한 공포심만 이겨 낸다면 스노클(snorkel: 잠수를 하는 동안 수면에서 호흡을 할 수 있도록 하는 보조 장비)은 초보자가 30분 정도만 연습해도 쉽게 이용할 수 있다. 프리다이빙은 준비 호흡 - 최종 호흡 - 숨참기(무호흡) - 회복 호흡 4단계 순서로 반복되는데, 첫 번째와 두 번째 호흡할 때는 물에서 엎드린 채 편안하게 숨을 가다듬어야 하므로 스노클이 꼭 필요하다. 스노클을 착용하면 물 위에서 숨 쉬는 문제는 완전히 해결된다. 게다가 일반적으로는 바다 수온에 따라 얇아도 1.5~5㎜ 슈트를 입고 다이빙을 하므로 슈트의 부력에 의해서 물에 잘 뜰 수 있다. "저는 물에만 들어가면 맥주병입니다."라고 말하는 사람도 슈트를 입으면 물에 빠지고 싶어도 그럴 수가 없다. 그리고 슈트에는 부력이 있어서 두께에 따라 1.5~5㎏의 납 벨트를 착용하고 들어가야 한다. 프리다이빙 장비에 대해서는 다음 기회에 좀 더 자세히 설명하기로 하자.

▲ 〈수중 예술〉 수영을 못해도 프리다이빙을 배울 수 있는데 한 가지 이유는 슈트를 입으면 구명조끼나 튜브 없이도 물에 뜰 수 있기 때문이다. 압력평형기술만 빨리 습득한다면 수영을 잘하는 사람보다 훨씬 깊게 내려갈 수도 있다.

천리 물길도 한 걸음부터

다이빙 초심자들에게는 5m 수심도 상상하기 어려운 깊이이다. 그래서 수심 5m 바닥까지만 찍고 올라와도 커다란 성취감을 느낄 수 있다. 전문 강사의 교육을 받고 가르쳐 주는 대로 연습을 한다면 요령이 있는 사람은 하루 만에 5m 수심은 쉽게 내려갔다 올 수 있으니 걱정은 붙들어 매도록 하자. 그러나 반드시 5m 얕은 수심이라도 안전사고의 위험은 늘 있는 법이니 처음 시작할 때는 반드시 전문가와 동행하는 것을 추천한다.

"수영을 못하는 사람도 프리다이빙을 시작할 수 있을까요?"라고 묻는다면, 중급 다이빙까지는 무난하게 할 수 있다고 말하고 싶다. 물론 본인의 노력 여하에 따라서 마스터급 다이버가 되는 것도 가능할 것이다. 프리다이빙을 꾸준히 하다 보면 바다 수영 실력은 덤으로 키워 나갈 수 있다. 이런 면에서 자신의 인생은 우연히 도전하는 상황에서 채워 가는 것이라고 할 수 있다.

프리다이빙 산책

4

얼마나 깊이 잠수할 수 있을까?

인간은 얼마나 깊이 잠수할 수 있을까?

주요 다이빙협회 중 하나인 AIDA의 공식 기록에 의하면 러시아의 알렉세이 몰차노브(Alexey Molchanov, 1987~)가 2018년 7월 18일에 바하마 롱아일랜드섬에서 수심 130m(CWT 기록)를 잠수한 것으로 알려져 있다. 이 기록이 2020년 현재까지 인간이 자신의 호흡과 핀만으로 내려갈 수 있는 최대 수심이다.

그런데 130m라니? 31m를 잘못 적은 것은 아닐까? 최근 프리다이빙이 인기를 얻으면서 일반인들도 일정한 훈련을 받은 후 수심 40m 이상까지 잠수하기도 한다. 한국의 바다는 수심이 낮은 편이어서 10m 아래만 내려가도 춥고 어두워진다. 한여름에도 5㎜ 두께의 다이빙 슈

트를 입지 않고서는 장시간 물에 있는 것이 불가능할 정도다. 지중해
나 동남아, 인도네시아, 중남미 등 적도 부근의 수온이 29~30도를 오
가는 따뜻한 바다에서도 수심 30m 깊이 이상을 다이빙하려면 두께가
1.5~3㎜ 이상인 슈트를 입어야 한다. 수심이 깊어질수록 빛이 사라지
기 때문에 체감 수온은 더욱더 빠르게 떨어진다.

▲ 〈세부 HQ에서 만난 프리다이버〉 매일 빠지지 않고 열심히 트레이닝하는 버디였는데 프리
다이빙을 통해 내려가는 수심 능력도 대단했다. 능숙하지는 않지만, 그의 모국어인 스페인어로
대화를 나누었더니 많이 반가워했다. 나중에 프리다이빙 관련 책을 쓰면 이 사진을 꼭 넣겠다
고 다짐했는데, 약속은 지킨 셈이 되었다.

제주도의 해녀들은 얼마나 깊이 잠수할 수 있을까? 평생 물(水)밥을

먹고 산 해녀들이라면 더 깊이 더 오래 잠수할 수 있지 않을까? 해녀들은 보통 5~20m 수심에서만 활동한다. 3분 이상 숨을 참으며 물질을 하는데 잠수하는 깊이에 따라서 상군 15m 이상, 중군 10~15m, 하군 2~5m로 분류한다. 햇빛이 잘 들어오는 최대 깊이가 20m 전후이니 그곳에 많은 해산물이 있어서 해녀들이 생계유지를 위해 적정 깊이에 잘 적응한 것이다. 스노클링을 해 본 사람이라면 금방 눈치챘겠지만, 바다의 빛이 잘 들어오는 5~15m 사이에 물고기가 가장 많이 있고, 인간이 먹는 미역, 소라, 전복, 해삼, 문어 등 다양한 수중 생물이 서식한다.

인간 한계를 향한 끝없는 도전

시야가 아주 밝은 편인 해외의 바다라도 일반적으로 수심 30m 이상 내려가면 빛은 거의 사라지고 어둠이 엄습한다. 수중 압력은 수심 10m마다 2배씩 증가하니 100m 이상 잠수를 하는 것은 전문적인 훈련을 거친 선수들이나, 일반인 중에서도 기술과 재능, 정신력을 겸비한 프리다이버만이 가능하다. 수심 110m 이상 잠수할 수 있는 세계 최정상급 선수들은 러시아와 유럽계 선수들이 주를 이루고 있다. 한국에서도 최근 10년 사이에 프리다이빙이 인기를 얻으면서 동호인 수가 급격히 늘어나 수심 100m를 넘는 깊은 수심에 도전하는 다이버들도 생겨나고 있다. 아시아에서는 전통적인 수영 강국인 일본의 여성 선수들이 두각을 나타내고 있다. FIM(줄을 사용해서 하강하고 상승하는 방식의 다이빙) 분야에서는 97m 세계신기록을 세운 사유리 선수가 있었다. 한편 중국의 프리다이빙 시장도 급격히 성장해서 최근에는 100m 기록을 넘기는 선수들이 생겨나고 있다. 한때 인간의 한계라고 알려져 있던 깊이의 벽이 점차 허물어지고 있다. 100m 깊이의 바다에서 느껴지는 어둠과 차가움은 과연 어떤 것일까?

무려 두 시간 동안 잠수가 가능하다고?

재미 삼아 이야기해 보자. 포유류 중에서는 누가 잠수의 왕일까? 동물학자들에 의하면 펭귄은 200~500m, 거북이는 300~1,000m에서 최대 90분가량 잠수할 수 있고, 고래는 1,000~3,000m 깊이에서 최대 2시간 이상 버틸 수 있다고 한다. 보통은 덩치가 큰 동물일수록 몸속에 보관할 수 있는 산소의 양이 많아서 잠수 시간이 길어지는데, 특이하게도 고래들의 세계에서는 몸집이 작은 민부리고래(몸무게 1~2t)가 가장 깊은 수심 3,000m까지 잠수할 수 있다. 최근에 연구자들을 통해 그 비밀(포유류 잠수반응에 따른 비장 효과)이 밝혀지기도 했다.

포유류의 한 종인 인간도 물속에서 진화했던 과거의 기억이 있어 물속에 들어가면 MDR[7] 반응을 일으켜 더 오래, 더 깊이 내려갈 수 있다. 그러나 바다에 사는 동물에게 대적할 수준이 못 된다. 현재까지는 인간이 잠수할 수 있는 최고의 깊이가 수심 130m이다. 과연 시간이 지나면 이 기록을 깨뜨릴 수 있을까? 어쩌면 당신이 그 주인공이 될지도 모른다. 자신의 잠재된 재능을 프리다이빙 세계에서 펼쳐 보자.

....

7) 포유류 잠수반응(Mammalian Dive Reflex): 모든 포유류가 물속에 들어가면 나타나는 반응. 서맥효과, 비장효과, 혈액 이동 등이 있다.

5

얼마나 오래 숨을 참을 수 있을까?

세계 최고의 잠수왕은 바로 나

갈라파고스 바다이구아나 10분, 북극 황제펭귄 32분, 거북이 90분, 고래 2시간…… 바다에 적응해서 사는 동물들은 하나같이 한 번의 호흡으로 물속에서 오랫동안 활동할 수 있다. 펭귄 같은 조류는 물론이고 파충류인 거북이도 아주 오랫동안 물속에서 숨을 참을 수 있다. 하지만 수중 동물 중에서 가장 오래 숨 참기의 최고 능력자는 인간과 같은 포유류에 속하는 고래다.

위에 언급한 동물들은 물과 공기 중에서 동시에 호흡이 필요한 동물들의 최대 잠수 시간이다. 물속에 적응한 파충류, 조류였지만 날개는 퇴화하고 육지와 바다에서 살아가는 펭귄, 주로 바다에서 생활하지만,

▲ 〈프리다이빙 황홀경〉 평범한 사람도 일정한 훈련을 받고 개인 트레이닝을 꾸준히 하다 보면 3~4분 정도는 숨을 참을 수 있다. 펀 다이빙의 경우는 1분만 참아도 물속에서 많은 것을 경험할 수 있다.

가끔 숨을 쉬러 수면으로 나오고 번식할 때는 모래사장으로 올라와서 알을 낳고 돌아가는 바다거북, 그리고 코끼리보다 덩치가 큰 포유류이지만 물속에서 2시간 이상 잠수할 수 있는 고래…… 대체 어떤 능력이 있기에 이렇게 오랜 시간 잠수할 수 있는 것일까? 그리고 고래와 같이 포유류에 속하는 인간은 최대한 어느 정도까지 잠수할 수 있을까?

2020년 AIDA 인터내셔널 홈페이지의 공식 기록에 따르면 남자는 프랑스 사람인 스테판 미슈드(Stéphane Mifsud)가 2009년 6월에 세운 11분 35초, 여자는 불운으로 세상을 떠났지만, 한때 프리다이빙계의 전설이었던 나탈리아 몰차노바(Natalia Molchanova, 1962~2015)가 2013년 6월에 세운 9분 2초가 세계신기록이다. 이 기록에 따르면 최고의 숨 참기 능력을 갖춘 인간은 적어도 갈라파고스의 바다이구아나와 비슷한 시간 동안 숨을 참을 수 있다는 말이다. 기록을 다시 살펴보자. 남자는 11분, 여자는 9분대 기록을 가지고 있다고 하는데, 이것이 정말 사실일까? 사실 잘 믿기지 않는다. 물속에서 활동하는 동물처럼 움직이면서 측정한 기록이 아니고, 정지한 상태로 최대한 숨을 오래 참으며 버틴 기록이라고 해도 대단하다. 고도의 훈련을 받고 거둔 성과라고 하더라도 과연 이들의 신체에는 어떤 비밀이 숨어 있기에 이런 기록이 가능한 것인지 뒤에서 자세히 살펴보기로 하자.

숨을 오래 참는 것만으로 깊이 내려갈 수 있는 것은 아니지만 물속에서 무호흡으로 오래 버틸 수 있다면 수심을 달성하기 위한 한 가지 조건은 충족되는 것이 분명하다. 오드리 메스트리는 프랑스의 해양생물학자이자 프리다이버였다. 그녀의 남편은 쿠바인이자 세계기록 보유자였던 프란시스코 피핀 페라리스였다. 그의 기록은 자그마치 162m. 남편의 기록을 깨기 위해 171m에 도전했지만 결국 올라오지 못하고 사망하고 말았다.

물속에서 숨을 오래 참을 수 있는 신체의 비밀

　프리다이빙에는 MDR(Mammalian Dive Reflex) 반응이라는 개념이 있다. '포유류 잠수반응'이라고 풀이할 수 있는데 쉽게 말하면 포유류인 동물들이(여기에는 인간도 포함된다) 물속에 들어가서 잠수했을 때 나타나는 반응을 말한다. 그 원리가 더욱 궁금해진다. 인간의 몸은 물에 들어가면 심장박동 수가 느려지고, 평소에는 사용하지 않던 장기인 비장(脾腸)이 활성화된다. 이것이 첫 번째 비밀이다. 물속에 들어갔을 때 우리 몸은 더는 숨을 쉴 수 없다는 것을 깨닫고 반사적으로 심장박동 수를 느리게 한다. 그 이유는 심박 수가 느려질수록 체내의 한정된 산소를 아껴서 쓸 수 있기 때문이다. 그리고 비장은 자신의 내부에 있는 적혈구를 혈류로 방출하면서 적혈구에 녹아 있는 산소를 온몸에 공급해 준다. 이로써 인간은 물속에서, 물 밖에 있을 때보다 더 오래 숨을 참을 수 있게 된다. 이 능력을 극대화하여 훈련에 임한 사람들이 스테판 미슈드(Stéphane Mifsud)와 나탈리아 몰차노바(Natalia Molchanova)이다.

　두 번째 비밀은 물속에서 최대한 긴장을 완화하여 산소 사용량을 줄이는 데에 있다. 사실 프리다이빙을 하면서 가장 위험한 요소 중의 하나는 패닉 상태에 빠지는 것이다. 물속에서 당황하게 되면 평소에 잘하던 것도 실수를 할 수 있는데, 이 한 번의 실수가 치명적인 사고로 이어질 수 있다. 그러므로 늘 침착한 태도를 유지하고 위기 상황에서는 매뉴얼대로 행동할 수 있도록 연습해야 한다. 숨을 참을 때에도 침착하게 긴장 완화 상태를 유지하는 것이 매우 중요하다. 왜냐하면, 이렇게 함으로써 산소 소비를 줄일 수 있기 때문이다. 호흡 충동은 이산화탄소를 배출하고 싶은 욕구 때문에 생기는 것이지만 블랙아웃(blackout: 일시적 기절)은 혈중 산소 농도가 매우 낮아질 때 발생한다. (정상적인 사람의 혈중 산소 농도는 항상 96~99%를 유지한다.)

지금까지 설명한 숨을 오래 참는 비법을 요약하면 첫째, MDR 반응을 얼마나 잘 유도하는가, 둘째, 얼마나 침착하게 긴장을 완화한 상태에서 다이빙을 즐기는가이다. 이 두 가지 사항이 본인의 스테틱 압니어[8] 능력을 좌우한다. 실제로 긴장을 완화하기 위해서 많은 다이버들이 조용한 음악을 들으면서 명상을 하거나 스트레칭에 도움이 되는 요가를 하는 데에 많은 시간을 할애한다. 우리도 숨을 오래 참는 비법을 훈련하여 프리다이빙 세계최고기록에 도전해 보자!

....

8) 스테틱 압니어(Static apnea): 물 위에 가만히 떠 있는 상태에서 움직이지 않고 숨참기를 하는 것.

▲ 〈바닷속 프리다이버〉 포유류 잠수 반응이 오고 난 후에는 물속에서 무호흡으로 잠수하는 것이 무척 편하게 느껴진다. 물고기가 다가와서 표정을 짓거나 또렷이 눈을 보면서 꼬리 치는 모습까지도 생생히 관찰할 수 있을 정도로 물속에서 여유가 생긴다.

내 몸 안에 숨겨진 잠수 능력, MDR

인간은 물에서 진화해 왔다

내가 프리다이빙 이론을 공부하면서 가장 흥미로웠던 부분은 MDR 반응(포유류 잠수반응)이었다. 찰스 다윈의 진화론에 따르면 최초의 생명은 물속에서 생겨났다. 오랜 세월에 거쳐 종이 분화되면서 포유류 중에서도 일부는 육지로 올라왔고 일부는 여전히 물속에서 살고 있다. 이제 인간들을 포함하여 육지 생활을 하게 된 동물들은 물속에서 가지고 있던 능력을 거의 잃어버렸다. 인간이 물속에 들어가면 특별한 능력을 발휘하게 된다는 것을 알거나 느끼는 사람은 거의 없을 것이다.

MDR은 Mammalian Dive Response 혹은 Mammalian Dive Reflex 의 약자이다. AIDA 단체에서는 MDR을 'Response', 즉 포유류가 잠수

할 때 나타내는 반응이라고 하고, SSI 단체에서는 'Reflex', 즉 반사 반응이라고 표현하고 있다. 비슷한 듯하지만 미묘한 차이가 있다. 다이빙 강사에 따라서도 MDR을 일종의 반응 현상이라고 포괄적으로 해석하는 것이 좀 더 정확하다고 주장하기도 하고, 반응이라고 부르든 반사라고 부르든 물속에서 나타나는 현상을 설명하기 위해 선택한 용어일 뿐이므로 그다지 중요하지 않다고 말하기도 한다.

어떤 단어 선택이 더 정확한 것일까? 어쨌든 단어를 풀이해 보면 육지로 올라온 포유류가 아직도 물속에 들어가면 어떤 신체적 변화를 일

▼ 〈MDR 반응 유도〉 모든 생명은 물속에서 태어나고 진화해 왔다. 인간에게도 특별한 잠수 능력이 남아 있는데, 우리는 이것을 'MDR' 포유류 잠수반응이라고 부른다. 새끼를 낳아 기르는 모든 포유류 동물들이 가지고 있는 잠재된 능력이다.

으킨다는 뜻인 것 같다. 육지로 올라와 오랜 기간 진화하면서 완전히 퇴화한 줄 알았던 몸속 장기들이 물속에 들어가면 현재의 모습대로 진화하기 전처럼 여전히 반응한다고 하니 참으로 신기하다. 우선 MDR 반응이 무엇인지 살펴보자.

4단계에 걸쳐 나타나는 놀라운 신체 반응, 그리고 비장의 무기

MDR 반응은 크게 4단계로 설명할 수 있다. 1단계는 서맥이다. 사람이 물속에 들어가는 순간 더는 호흡을 할 수 없게 되고 이것을 자동으로 인식한 뇌가 심장박동 수를 느리게 한다. 산소를 아껴서 조금이라도 더 오래 물속에서 버틸 수 있도록 하는 것이다. 2단계는 말초 혈관의 수축이다. 인간의 신체는 모든 부위가 소중하지만 어떤 부위는 떨어져 나간다고 해도 사망에 이르지는 않는다. 몸에 난 작은 상처는 재생이 되고, 팔이나 다리가 절단되면 장애인이 되지만 생명에는 지장이 없다. 말초 혈관 수축이란, 숨을 쉴 수 없게 된 상황에서 혈액 내의 산소를 아껴 써야 하는 상황을 뇌가 감지하고 신체에서 비교적 덜 중요한 부위로 혈액 공급을 줄이는 것을 말한다. 쉽게 말하면 심장에서 가장 멀리 떨어진 손과 발 부위에 가장 먼저 혈액 공급이 줄어들게 된다. 이 덕분에 체내의 한정된 산소를 좀 더 효율적으로 사용할 수 있게 된다. 3단계는 말초 혈관 수축과 연관된 것으로, 혈액 이동 현상이다. 말초 혈관이 수축하면서 팔다리로 가지 않게 된 피는 어디로 가는 걸까? 그들은 인간의 몸에서 가장 중요한 부위인 뇌, 심장, 폐로 공급된다. 뇌, 심장, 폐 중 어느 하나라도 없어진다면 인간은 더는 살 수 없게 된다. 폐로 몰린 피는 깊은 잠수를 할 때 폐가 더 수축하지 않도록 돕는다. 그리하여 인간이 바닷속에서 일정 깊이 이상 내려가면 더 이상 폐가 수축하지 않는다. 4단계는 비장[9]효과다. 과학자들이 잠수를 오래 하는 동물들을 조사하면서 한 가지 공통점을 발견했다. 잠수 능력이 뛰어난 고래, 바다사자, 펭귄 등의 비장이 다른 동물에 비해서 월등히 발달해 있었다는 사실이다. 비장에는 많은 적혈구가 있는데, 여기에 많은 양의 산소가 녹아 있다. 물속에 잠수하여 MDR 반응이 일어나면 비장이 활발하게 움직여서 적혈구를 혈액 속으로 방출하기 시작한다. 이를 통해서 혈액은 부족한 산소를 공급받을 수 있고, 인간은 물속에서 좀 더 오래 버틸 수 있게 된다.

물 밖에서 생활할 때 비장은 사실상 크게 중요한 역할을 하지 않는다. 인간이 비장이 아파서 죽었다거나 비장에 큰 병이 났다는 소리는 거의 들어 본 적이 없다. 또 위나 폐에 좋은 약이나 건강식품이 있다는

....

9) 왼쪽 신장과 횡격막 사이에 있는 피 주머니 장기, 왼쪽 신장과 횡격막 사이에 있는 장기로, 혈액 속의 세균을 죽이고, 늙어서 기운이 없는 적혈구를 파괴한다. '지라'라고도 한다. (출처: 두산백과)

말은 들어 봤어도 비장에 좋은 음식이니 먹어 보라고 권유받은 적은 없는 것 같다. 비장은 인간이 물 밖으로 나와서 진화하면서 오랜 기간에 걸쳐 퇴화한 장기이다.

▲ 〈갈라파고스 팀원〉 일반인들도 물속에 자주 들어가서 연습하는 환경에 놓인다면, MDR 반응을 쉽게 끌어낼 수 있다. 수면을 바라보며 내면의 아름다움에 대해서 명상하는 프리다이버.

내 안에 잠들어 있는 MDR을 깨워 보자

그럼 MDR 반응은 어떻게 유도할 수 있을까? 간단하다. 물속에 들어가면 된다. 차가운 물일수록 더 빨리 반응하고, 뇌와 가까운 신체 부위인 얼굴이 물에 닿으면 더 빨리 반응한다. 그리고 숨을 오래 참을 때에도 느리지만 MDR 반응이 나타나기 시작한다.

편안하게 준비된 상태에서 숨 참기 기록을 측정해 보자. 첫 번째보다는 두 번째 기록이 좋고, 두 번째보다는 세 번째 할 때 같은 시간 동안 참더라도 좀 더 편하게 느껴질 것이다. 프리다이버들은 이 반응을 유도하기 위해서 깊은 곳으로 잠수하기 전에 한 번에서 두 번 정도 워밍업(warming up: 준비운동) 다이빙을 한다. 물에 자주 들어가는 사람들은 10~20m 사이의 깊이를 천천히 내려갔다 올라오는 것만으로도 MDR 반응을 잘 유도할 수 있다. 이 반응이 잘 유도되면 물속에서 숨을 참는 것이 편안하게 느껴진다.

이렇듯 물속에서 숨을 더 오래 참을 수 있는 능력이 인간에게 남아있다고 하니 정말 신기하고 재미있다. 비장은 숨을 더 오래 참을 수 있도록 산소를 공급해 주고, 혈관 수축으로 인한 혈액의 이동은 신체가 높은 압력에 대처할 수 있게 해 준다. 이 반응에 익숙해진다면 프리다이빙 능력이 현저히 향상되는 것을 느낄 수 있을 것이다. 다이빙을 시작해 보자. 자기 몸 안에 숨겨진 능력을 탐험하는 새로운 경험을 하게 될지도 모른다. 상상만 해도 정말 흥분되지 않는가?

7

잠수할 때 귀가 아픈 이유

기압의 변화에 따른 신체 반응

비행기를 타고 이륙할 때 귀가 먹먹해지거나, 산 정상을 향해 운전해서 올라갈 때 귀가 아파 본 경험이 누구에게나 한 번쯤은 있을 것이다. 이럴 때는 침을 삼키거나 물을 마셔서 순간적인 불편함을 넘기면 이후에는 아무렇지도 않다. 이는 자신도 모르게 귀의 압력평형을 맞춘 것이다. 이러한 증상은 왜 생기는 것일까? 귀가 답답해지고 막히는 것은 기압의 변화에 따라서 고막이 압력을 받아서 나타나는 신체적 반응이다.

인간들이 일상생활을 하는 공간에서는 진화 과정에서 이미 적응이 되었기 때문에 압력의 차이를 느끼지 못한다. 그러나 심해의 생물을 공기 중으로 이동시키면 엄청난 기압 차이로 인해 죽게 된다. 지상에서 공기의 압력은 1bar로 정의된다. 기압은 고도가 높아지면 낮아지고, 고도가 낮아지면 높아진다. 해발 1,000m마다 기압이 약 0.1bar 정도 낮아진다. 높은 산에서 골프를 칠 때 공기의 저항이 낮아져서 공이 평소보다 더 멀리 날아가는 것도 이러한 원리 때문이다. 평소 200m의 드라이버 비거리를 기록하는 사람이 해발 1,000m에서 동일한 힘과 타점으로 공을 맞힌다면 220m를 보낼 수 있다. 평지보다 기압이 10% 낮아진 덕분이다.

▲ 〈갈라파고스 팀원〉 물속에 잠수할 때, 귀가 아팠던 경험을 한 번쯤 겪어 본 적이 있을 것이다. 프리다이빙을 배우면 처음으로 압력평형에 대해서 배우게 되는데, 이를 잘 터득하면 깊은 물에도 문제없이 내려갈 수 있다.

공기 중에서는 해발 1,000m 높이의 산에 오르거나 비행기를 탔을 때 1㎞에서 12㎞ 정도의 변화가 있다고 해도 평소보다 약 0.1~1.2bar 정도 기압이 낮아질 뿐이다. 대기 중에서 1㎞에 0.1 기압이 변화는 정도 니 10㎞ 올라가야 수중에서 10m 내려갔을 때의 압력 변화를 느끼게 된다. 이 정도의 변화에서도 고막처럼 부드러운 공기 울림막은 약간의 통증을 겪게 된다.

물속에서의 1m는 등산할 때의 1,000m

그렇다면 물속에서는 기압이 어떻게 변화할까? 아마 물속에서는 공기 중에서보다 압력이 더욱더 강하게 느껴질 것이다. 물속에서는 수심 10m씩 내려갈 때마다 1기압이 증가한다. 예를 들면 대기 중에서 10ℓ의 공기 풍선을 가지고 10m를 내려가면 풍선 속 공기는 절반으로 줄어든다. 이러한 압력의 변화 때문에 신체에서 가장 압력에 민감하게 반응하는 부분인 고막(중이)이 2~3m 아래로 내려가면 아파서 더 내려갈 수 없게 되는 것이다. 물속을 내려가는 1m는 대기 중에서 해발 1,000m 올라갔을 때 발생하는 기압 변화와 동일하다. 잠수할 때 귀가 아픈 이유는 바로 이것이다.

프리다이빙 산책

▲ 〈마추픽추〉 해발 1,000m에서 귀에 받는 압력과 수심 1m에서 받는 압력은 같다. 등산하거나 차를 타고 높이 올라가면 귀가 먹먹해질 때 침을 삼켜서 무의식적으로 압력평형을 하곤 한다.

  그렇다면 프리다이버들은 어떻게 이 압력을 견디고 30m 이상, 심지어는 100m 이상 깊이 잠수할 수 있는 것일까? 이들은 선택받은 신체적 능력의 소유자일까? 혹은 평소에 아가미나, 지느러미를 숨겨 놓고 물속에서 작동시키는 것일까? 그 비밀을 파헤쳐 보자.

압력평형(이퀄라이징)

프리다이빙의 첫 번째 장애물, 압력평형

프리다이빙 입문자의 대부분이 가장 힘들어하는 것이 바로 압력평형이다. 마음은 1m라도 더 내려가고 싶은데, 귀에서 느껴지는 통증 때문에 다시 수면 위로 올라와야만 한다. 통증을 참고 무리해서 다이빙을 진행하다가 고막에 손상을 입는 경우가 종종 발생한다. 그러면 한 달가량 잠수가 어려워진다. 그렇다면 통증 없이 더 깊은 물속으로 들어가는 방법이 무엇일까? 그에 대한 해답은 압력평형의 3+1 방법을 통해 배우게 된다.

세 가지는 일반적으로 사용하거나 연습을 통해서 익히는 방법이고, 나머지 한 가지 방법은 프랑스어로 BTV[10](Beance Tubaire

---

10) 코를 손으로 막지 않고도 수심 변화에 따라 자동으로 고막에 압력평형이 이뤄지는 경우를 BTV라고 한다. 일종의 고유명사처럼 쓰인다.

Volontaire), 우리말로 하면 '자발적으로 중이가 열림' 정도로 다소 어색하게 해석된다. 프리다이버들 사이에서는 그냥 BTV라고 하면 통한다. 이 기술은 선천적으로 타고나는 경우가 많다. 물속으로 내려갈 때 손으로 코를 막아서 압력평형 기술을 사용하지 않고도 몸이 알아서 작동하게 만든다. 호주의 아담이라는 선수는 이 방법조차 연습을 통해서 익힐 수 있는 것이라고 강의하기도 한다. 호기심이 생기는 분들은 유튜브에서 한번 검색해 보시라.

▲ 〈이퀄라이징〉 덕 다이빙을 해서 내려갈 때 급격한 압력의 변화가 일어난다. 이때는 손으로 코를 잡고 부드럽게 바람을 불면서 이퀄라이징을 해 주어야 한다. 일반적으로 프리다이빙을 할 때, 한 손은 코를 잡고 내려가게 된다.

그럼 이제 압력평형을 위한 세 가지 방법에 관해 본격적으로 이야기하자. 이는 프리다이빙 교재들에서 일반적으로 언급하는 방식인데, 그 첫 번째는 '토인비 기법'이다. 방법은 간단하다. 침을 삼킬 때 움직이는 근육들의 힘으로 고막 쪽에 압력을 전달하는 방법이다. 산행할 때나 비행기 안에서 누구나 한 번쯤 해 봤을 동작인데 프리다이빙에는 그다지 적합하지 않다.

두 번째는 '발살바 기법'이다. 폐 속에 공기를 전달하여 고막에 압력평형을 형성하는데, 이때 복부에 힘을 많이 주면서 이퀄라이징을 시도한다. 프리다이빙에 경험이 없거나 처음 시작하는 분들이 많이 사용하는 방법이다. 이 방법은 10m 이상 내려갈 때 사용할 때는 큰 문제가 없지만, 몸의 힘을 과도하게 사용하면서 내려가기 때문에 10m보다 깊이 내려가기에는 효율적이지 않다.

세 번째 방법은 '프렌젤 방식'의 압력평형 기술이다. 입속의 공기를 코를 막은 상태에서 입안의 공기를 혀를 사용하여 압력을 만들어 귓속으로 전달하는 방법이다. 코를 막은 상태에서 입 주위의 근육만 살짝 움직여 주면 되므로 아주 효율적이다. 일반적으로는 30~40m 수심까지만 적용되지만 훈련한 정도에 따라서 50m 이상의 수심에서도 사용하는 선수들도 있다고 한다. 가장 효율적인 방법은 프렌젤을 통해서

프리다이빙 산책

압력평형을 해 주는 것이다. 예리한 분들이라면 여기서 한 가지 궁금증이 생겼을 것이다.

"프렌젤이 가장 효율적이고 좋은 방법이라는 건 알겠는데 선수들도 최대 50m 정도까지밖에 못 간다고? 그런데 세계 최고의 선수들은 100m 깊이 이상 잠수할 수가 있다고 하는데 도대체 어떤 기술을 사용하기에 가능한 것일까?"

대답은 마우스 필(Mouth fill)이다. 문자 그대로 해석하자면 '입안에 공기를 채우는 것'이다. 이는 프렌젤과 결합하여 사용하는 기술로서 레벨 3 이상의 마스터급 다이버가 되면 배우게 된다. 프렌젤이 끝나기 전에 마우스 필을 시작하게 되는데 폐에 남은 마지막 공기를 입안에 모아서 그것이 소진될 때까지 최대한 귀의 압력평형을 유지하면서 더 깊이 다이빙을 할 수 있게 된다. 아주 미묘한 느낌을 살려서 시연하는 기술이라서 많은 연습이 필요하다.

지금까지 여러 가지 압력평형 기술에 대해 살펴보았다. 사실 이런 기술들은 말로 설명하기가 힘들다. 제일 좋은 방법은 프리다이빙을 배우면서 스스로 연습하면서 깨닫고 터득하는 것이다. 용기를 가지고 프리다이빙에 도전하여 직접 기술을 익혀 보는 게 어떨까?

9

프리다이버와 잠수병

해녀 할머니들이 잠수병에 걸려서 고생한다는 다큐멘터리를 한 번쯤 본 적이 있을 것이다. 잠수병에 대해 정확히는 몰라도, 아마 물속에서 오래 일하다 보면 생기는 부작용이겠거니 생각하고 있을 것이다. 우리가 숨 쉬는 공기는 79%의 질소와 21%의 산소로 이루어져 있다. 공기통을 매고 잠수하는 다이버들이(일반적으로 스쿠버 다이버) 잠수할 때도 대기와 비슷한 성분과 비율의 기체를 가지고 들어간다. 문제는 공기 중에서는 질소가 체외로 잘 배출되는데, 물속의 높은 압력 속에서는 질소가 혈액으로 녹아들기도 한다는 점이다. 스쿠버다이빙 후 상승할 때 감압을 위한 정지를 하지 않고 빠르게 상승하면 질소중독에 걸리거나 다양한 2차 부상에 빠질 위험이 있다. 잠수병에 대한 사전적 정의를 찾아보자.

"깊은 바닷속은 수압이 매우 높아서 호흡을 통해 체내로 들어간 질소 기체가 체외로 잘 빠져나가지 못하고 혈액 속에 녹게 된다. 그러다 수면 위로 빠르게 올라오면 체내에 녹아 있던 질소 기체가 갑작스럽게 기포를 만들면서 혈액 속을 돌아다니게 된다. 이것이 몸에 통증을 유발하게 되는데, 이러한 병을 잠수병이라 한다."

- 두산백과사전

여기서 한 가지 의문이 생긴다. 해녀나 프리다이버들은 공기통을 사용하지 않고 다이빙하는데도 과연 잠수병에 걸릴까? 해녀 할머니들은 두통, 피로, 근육통, 관절의 고통 등을 일상적으로 달고 있는 편이다. 왜냐하면, 평생 바다와 싸워 가며 물질을 하고, 한겨울에도 맹렬한 추위 속에서 생계를 위해 일을 했기 때문에 연세를 드시면서 만성화된 질병에 시달리게 되는 것이다. 반면에 프리다이버는 질소 중독에 의한 잠수병에 걸릴 확률이 매우 낮다. 본인의 호흡으로만 잠수하고 숨이 차면 올라와서 회복 호흡을 하고 다시 내려가기 때문이다. 스쿠버다이버처럼 지속해서 높은 수압 속에서 질소를 마시며 다이빙하지 않기 때문에 질소가 몸으로 녹아들 확률이 거의 없다.

프리다이버들은 입문할때 체계적으로 이론을 배운다. 다이빙 직후에 회복 호흡을 하는 실습을 하고, 물속에서 급상승할 때 산소 분압이 낮아져서 기절할 확률을 숙지하여 대비한다. 다이빙을 여가 활동으로 즐기는 것이다. 해녀의 물질과 프리다이빙의 가장 큰 차이점은 해녀들은 하루에 4시간에서 길게는 8시간 동안 일한다면, 프리다이버는 한 번에 1~2시간 정도 최소로 다이빙을 한다는 것이다. 힘이 들면 쉬어 가면서 하고 무리하게 계속 다이빙을 하지 않는다.

프리다이빙은 안전하긴 하지만 늘 보수적으로 해야 한다는 점이 중요하다. 평소에는 수면이 잔잔하지만, 태풍이 불거나 홍수가 났을 때는 매우 거칠고 위험해진다. 그러므로 자연의 품에서 스포츠를 즐기는 프리다이버는 자연 앞에서 늘 겸손하면서도 자신의 한계를 잘 이해하고 즐기는 자세가 필요하다. 이퀄라이징이 안 되어 귀가 아픈데도 다이빙을 계속하거나, 자신의 최고 기록을 세우는 것에 욕심낸 나머지 능력 이상의 수심에 내려가기 위해 도전하거나, 컨디션이 나쁜데도 불구하고 예정된 일정이라고 무리하게 시도하는 것은 좋지 않은 결과를 낳을 수 있다. 일정을 무리하게 소화하는 것은 모두 좋지 않은 예시다. 안전 수칙을 잘 지켜 가면서 인솔 강사의 지도에 따라 차분하고 여유롭게 즐기는 것이 최고의 방법이다. 요약하자면 프리다이버는 잠수병에 걸릴 확률은 낮지만 늘 자신의 한계를 이해하고 안전하게 다이빙을 즐길 수 있어야 한다.

10

어둠 속의 고요, 프리 폴(Free fall)

프리다이빙 전에는 몸과 마음의 충분한 준비가 필요하다

수평선 너머로 태양이 고개를 내밀자 물결이 빛나기 시작한다. 바다가 속살을 내밀어 빛을 맞이하며 춤추는 시간이다. 마치 밤새 식었던 몸을 데우려는 듯 거대한 몸통을 뒤척이며 검푸른 파도의 뒷면을 드러내는 것 같다. 떠오르는 태양 빛에 파도가 반사되어 물결이 꿈틀거리는 모습이 흡사 용의 비늘을 보는 것 같다.

서서히 명상을 끝내고 바다로 들어간다. 바다로 내려가기 전에는 항상 자연과 교감하는 시간이 필요하다. 수심 15m 지점에서 호흡 충동을 기다리며 몸을 데운다. 서서히 느려지는 심장박동 수를 느낀다. 호흡 충동이 느껴진다. 컨트랙션[11]이 한 번, 두 번, 세 번까지 온다. 서서히 수면 위로 떠오를 준비를 한다. 물 밖으로 고개를 내민다. 흡파, 흡파, 흐읍파…… 회복을 위해 3번 정도 크게 숨을 들이쉰다. 숨을 가다듬고는 명상을 끝내는 속도에 맞춰 마스크를 벗는다. 코에 물이 들어오지 않게 노즈클립[12]을 낀다. 찰랑거리는 파도를 느끼며 숨을 천천히 마시고 길게 내쉰다. 호흡이 안정되면 마지막 숨을 몰아쉬고 20m 깊이로 내려간다. 물속의 조류를 온몸으로 느낀다. 서서히 로프를 당긴다. 오늘도 바다가 인간을 받을 준비가 되어 있는지, 내 몸이 바다를 마주할 준비가 되어 있는지 조심스럽게 서로를 살핀다.

프리다이빙의 마법 같은 순간, 프리 폴

프리다이빙을 즐기며 프리 폴[13]을 편안하게 경험하게 되는 순간, 세상의 모든 소음은 거대한 바닷속으로 빨려들어 가고 오롯이 자기 자신과 마주하게 된다. 나를 끈질기게 쫓아다니던 속세의 번뇌와 번민, 살

....

11) 컨트랙션(Contraction): 숨을 과도하게 참으면 배와 가슴 근육이 반복적으로 강하게 수축하는 현상.

12) 노즈클립(Nose clip): 코로 물이 들어오는 것을 방지하기 위하여 코에 끼우는 집게.

13) 프리 폴(Free fall): 음성 부력 구간에서 움직임 없이 자유 하강하는 것. 즉, 목표로 한 깊은 수심으로 갈 수 있도록 최소한의 산소를 소모하며 이완한 상태로 이퀄라이징에 집중하는 것을 말한다.

아가기 위해 만들었던 인간관계에서 빚어진 스트레스는 점차 사라지
고 바닷속의 어둠과 함께 적막 같은 고요만 흐른다. 몸이 바다 밑바닥
으로 하락하는 순간 진화의 과정을 거슬러 내려간다. 우주의 고요가
눈앞에 펼쳐진다. 고민과 걱정은 떨어져 나가고 중력마저도 벗어 던진
다. 프리 폴의 길목에서 우리들의 몸은 우주를 유영하는 것처럼 둥둥
떠다니기 시작하더니 문턱을 넘어서면 이내 바닷속으로 빨려들어 간
다. 이 길은 어쩌면 내가 태어나기 전에 머물렀던 공간으로 거슬러 가
는 통로일지도 모른다. 물로 가득 찼으면서도 따뜻하고 아늑했던 한

▼ 〈프리 폴〉 프리다이빙 세계에서는 흔히 프리폴을 프리다이빙의 꽃으로 부른다. 중력이 없어
진 상태에서 둥둥 떠다니는 경험을 할 수 있고, 일정 수심 이상에서는 블랙홀로 빨려들어 가는
것 같은 느낌을 받을 수 있다.

여인의 배 속으로 다시 들어가는 기분이다. 프리 폴은 프리다이빙의 많은 매력 중에서도 단연코 으뜸으로 손꼽힌다.

일반적으로 바다는 수심이 깊어질수록 온도가 내려간다. 그래서 프리다이버들은 다이빙 시에 체온을 유지하기 위해 슈트를 입는다. 슈트는 두께에 따라 부력이 다른데 대체로 두꺼울수록 물에 더 잘 뜬다. 따라서 초반에 잠수할 때는 양성 부력을 이겨 내기 위해서 웨이트(Weight: 무게추)를 착용하게 된다. 보통은 자신의 다이빙 최대 수심의 3분의 1지점에 중성 부력을 맞추라고 권한다. 예를 들어 30m 깊이를 잠수하는 다이버라면 10m 정도에 중성 부력을 맞추는 것이다. 중성 부력이란 물속에서 모든 움직임을 멈추었을 때 가라앉지도, 떠오르지도 않는 상태를 의미한다. 낚시가 취미인 사람이라면 쉽게 이해할수 있다. 낚시찌의 부력을 맞추면서 중성 부력을 맞추는 방법을 쉽게 익힐 수 있기 때문이다.

일반적으로는 대부분 다이빙숍에서 장비를 대여해 준다. 일반적으로 스쿠버다이빙을 할 때처럼 허리 웨이트를 착용하고 시작한다. 왜냐하면, 허리 웨이트는 거부감이 없고 몸에 부착했을 때 이물감이 덜하기 때문이다. 나 또한 처음에는 허리 웨이트를 착용했다. 그러면서 수심이 점차 깊어질수록 프리 폴에 유리한 넥 웨이트(Neck weight)로 갈

아타야 했다. 수심이 깊어지는 30m 이후부터 프리 폴의 속도가 빨라지는 것을 경험하게 되는데 이때 몸의 중심을 잡기에는 넥 웨이트가 유리하기 때문이다.

프리 폴을 느끼게 되면 프리다이빙의 재미는 두 배가 된다. 피닝(Finning: 물속에서 발에 착용한 핀을 움직여 물을 뒤로 밀어내는 동작)을 멈추고 잡아당기던 로프에 더 이상 힘을 주지 않아도 몸은 자연스럽게 아래로 떨어진다. 이때 집중할 것은 이퀄라이징이다. 사람마다 다르지만, 일반인들을 기준으로 프렌젤 방식의 이퀄라이징은 보통 30~50m 정도에서 끝난다. 기욤 네리(Guillaume Néry) 같은 세계적인 선수는 70m 전후까지 가능하다고 하니 놀랍기만 하다. 이는 아주 특별한 경우이다. 결국, 더 깊게 잠수하려면 마우스 필[14]이라는 기술을 익혀야 한다. 마우스 필은 공기를 입으로 끌어당겨서 목표 지점까지 압력평형을 유지하는 기술이다. 궁극적으로는 이 기술을 프리 폴과 함께 쓸 수 있어야 한다. 이때부터는 더 이상 몸의 움직임은 없어진다. 오로지 눈앞에 있는 로프에 의지해서 바닥으로 떨어지는 몸을 바다의 조류에 맡긴다. 바닷속에서 점차 빛이 사라지고 자연과 하나 되는 느낌을 만끽하며 프리 폴을 즐길 수 있다.

....

14) 마우스 필(Mouthfeel): 깊은 수심에서도 압력평형을 유지하는 기술.

말처럼 쉬운 일만은 아니다

사실 말이 쉽지, 중급 다이버들에게 프리 폴이 쉬운 일은 아니다. 이퀄라이징하기에도 급급하고, 숨도 차오르는 시점이기 때문이다. 마우스 필을 배웠다고 해도 처음에는 40m 지점도 못 가서 입안에서 채 한 모금도 차지 않았던 공기가 폐로 꼴딱 넘어간다. 그러면 즉시 몸을 천천히 돌려서 상승 준비를 해야 한다. 또 다른 문제는 프리 폴 직전까지는 속도가 천천히 내려가지만 프리 폴을 시작하는 지점부터는 하강 속도가 점점 빨라지면서 40m 지점부터는 초당 1m 이상 떨어지는 경험을 한다. 물속으로 미끄러지는 느낌이 짜릿하긴 하지만 인간에게 어둠 속 심연은 또 다른 공포로 다가온다. 마우스 필을 확실히 익히고 하강하는 가속도에 적응할 수 있다면 지금부터가 진짜 시작이다. 사실 이 이야기는 내 경험에서 나온 것이다. 프리 폴을 배우는 사람은 누구나 겪게 되는 과정이다. 사실, 문제는 위 두 가지뿐만이 아니다. 프리 폴을 처음 시도하면 몸이 뒤로 눕거나 몸이 줄에 닿아서 속도가 떨어지는 경우도 발생한다. 이때는 잠수 시간이 늘어나서 호흡이 부족하게 된다. 조류에 밀려서 몸이 눕는 때도 있다. 그러니 처음에는 나쁜 자세를 고치려고 노력해야 한다. 동료에게 동영상을 찍어 달라고 부탁해서 전문 선수들의 영상과 비교해 보는 것도 좋은 방법이다. 프리다이빙의 매력을 진정으로 느끼고 싶다면 프리 폴이라는 짜릿한 경험을 자신의 것으로 만들고 즐길 수 있어야 한다.

11

프리다이빙계의 맞수들

1920년대부터 프랑스와 이탈리아의 지중해 연안에서 스피어 피싱[15]이 유행했다. 이때 비로소 현대적인 다이빙 장비들이 개발되기 시작하여 마스크, 핀, 스노클 등이 본격적으로 생산되었다. 다이빙 슈트나, 각종 수중 장비로 유명한 부샤, 오머, 마레스 등등이 모두 유럽의 브랜드인 것은 결코 우연이 아니다. 1940년대까지만 해도 유럽과 미국의 캘리포니아 등지에서 스피어 피싱이 성행했다. 큰 고기를 잡아 오는 것은 남성성의 상징이자, 본인의 존재감을 나타낼 수 있는 일거양득의 놀이였다. 급기야 1960년대에 이르러서는 스피어 피싱을 올림픽 정식 종목으로 채택하려는 흐름까지 나타났다. 결국, 실패로 끝나긴 했지만, 그 과정에서 국제 수중 스피어 피싱 협회들이 생겨났다.

....

15) 스피어 피싱(Spear fishing): 스노클, 스피어 건 따위의 장비를 이용해 수면 근처에서 즐기는 물고기 사냥법.

▲ 〈스피어 피싱〉 프리다이빙이 호흡을 참고 깊이 혹은 멀리 나아가는 도전이라면 스피어 피싱은 작살과 같은 장비를 가지고 내려가 대기하면서 물고기가 나타날 때까지 기다렸다가 사냥을 하는 레저 활동이다. 국내외 포인트에 따라서 합법과 불법인 곳이 있다.

스피어 피싱은 무호흡으로 물속에 작살을 가지고 들어가서 물고기를 잡아 오는 행위다. 처음에는 얕은 물에도 큰 물고기들이 많이 있었겠지만 많은 사람이 참여하게 되면서 점점 더 깊은 곳으로 들어가야만 크고 신기하게 생긴 물고기를 잡아 올 수 있었다. 이 과정에서 뛰어난 능력을 발휘하는 사람들이 있었는데, 이들 중 일부는 나중에 프리다이빙 선수가 되었다. 처음 소개할 사람은 1세대 프리다이버이자 현대 프리다이빙 종목의 창시자로 불리는 자크 마욜이다. 그는 1927년 프

프리다이빙 산책

랑스에서 태어났는데 처음에는 스피어 피싱을 우연히 보고 즐기다가 인간이 바다 밑으로 얼마나 더 내려갈 수 있을까에 대한 호기심을 갖게 되었다. 열심히 다이빙 훈련을 한 결과, 1976년에 50세의 나이로 인간의 한계로 여겨지던 100m 깊이까지 잠수하는 데 성공한다. 그는 인류 최초로 수심 100m까지 내려간 선수라서 아직도 많은 사람의 기억에 강렬히 남아 있다. 그에게도 경쟁자가 있었다. 엔조 마요르카(Enzo Maiorca, 1931~2016)라는 이탈리아인이었는데 이 남자는 세계 최초로 50m 수심을 다녀왔다. 그리고 자크보다는 조금 늦게 100m 수심을 넘어섰다. 두 사람의 경쟁과 우정의 스토리는 뤽 베송 감독의 〈그랑블루〉라는 영화로 제작되었다. 여담이지만 〈그랑블루〉의 주인공인 자크 마욜과 비교해서 엔조 마요르카가 영화 속에서 이상하게 묘사되었다고 그의 지인들이 항의했다고 한다. 아쉽지만 늘 주인공이 주목받는 법이니까…….

2세대에 이름을 떨친 사람은 바로 움베르토 펠리자리(Umberto Pelizzari, 1965~)와 피핀 페레라스(Pipin Ferreras, 1962~)라는 인물이다. 각각 이탈리아와 쿠바의 사람인데, 당시 세계 챔피언이었던 피핀의 잠수 능력을 존경하던 움베르토는 피핀을 찾아가 함께 다이빙했다고 한다. 시간이 지날수록 움베르토의 능력도 향상되었고, 둘은 결국 경쟁을 하는 사이가 되었다. 다만 프리다이빙에 대한 철학이 약간씩 달라지는데, 움페르토는 자신의 신체 능력만을 이용한 CWT(불변의 웨이트)를 진정한 다이빙이라고 생각했고, 피핀은 자크 마욜이 이용했던 NLT(No Limit) 방식의 다이빙을 고집한 것이다. 두 사람은 결국 갈라져서 따로 훈련하였고 각 분야에서 이름을 남기게 되었다. 사실 어느 다이빙 방식이 더 우수한가에 대해서는 이견이 있을 수 있다. 프리다이빙 9개 종목 중에서 자신에게 맞는 방식을 선택하면 그만이다. 다만 최근에 와서 안전상의 문제로 인해 NLT(No Limit) 방식(무거운 장비의 도움을 받아서 내려가고 상승함)의 시합은 공식 종목에서 제외되었고 과거의 기록으로만 남게 되었다. 움페르토 펠리자리의 스승은 자크 마욜로 알려졌다.

그 후의 잠수부들은 어떻게 되었을까? 2020년 현재는 바야흐로 프리다이빙 춘추전국시대가 되었다. 프리다이빙은 이제 소수의 특별한 사람들만이 경쟁하는 스포츠가 아니라 누구라도 즐기고 접할 수 있는 운동이 되었다. 강사도 많아졌고, 체계적으로 교육하는 센터들도 생겨나기 시작했다. 움페르토의 제자로 알려진 뉴질랜드의 윌리엄, 프랑스의 기욤 네리는 세계 최고의 선수 중의 하나로 두각을 나타내고 있다. 또 여자 프리다이빙계의 전설이 된 나탈리아 몰차노바(Natalia Molchanova, 1962~2015)의 아들인 알렉세이 몰차노브(Alexey Molchanov, 1987~)는 세계 최고의 타이틀을 3개나 가지고 있다. 여자

프리다이빙 산책

선수 중에서는 이태리의 알레시아 제치니(Allesia Zecchini) 선수와 일본의 사유리 키노시타(Sayuri Kinoshita, 1988~2019) 선수(최근에 불행한 사고를 당했다) 등이 세계기록을 가지고 있다. 프리다이빙 시장이 많이 성장하면서 전통적인 수영 강국인 일본과 중국에서 서서히 유럽 선수를 넘어 두각을 나타내고 있다. 물론 우리나라에도 열심히 훈련하면서 자신의 한계를 극복해 나가는 좋은 선수들이 많이 있다.

프리다이빙 선수들을 라이벌 구도로 언급하다 보니 이 스포츠가 마치 경쟁적인 기록이 중요한 것처럼 비치는데 사실 프리다이빙은 타인과 경쟁하는 스포츠가 아니다. 공식적인 국제 대회에서도 30m, 40m 기록으로 참여하여 자신의 훈련 성과를 뿌듯해하는 선수들이 있다. 한 번의 호흡으로 물속에서 즐기는 이 스포츠는 본인의 몸속에 잠재된 본능을 발견하고 조금씩 자신의 한계를 극복해 나가면서 보람을 느끼는 운동이다. 자신과의 싸움이 가장 힘들다고 했던 사람들의 말에 공감 버튼을 누르고 싶다.

12

누가 프리다이빙을 배워야 할까?

묻지도 따지지도 않고 입수하게 하소서

2018년 가을이었다. 호주 케언즈주(州) 인근 해양인 '그레이트 베리어프' 지역에 다녀온 적이 있다. 케언즈는 호주 북쪽에 위치하고, 적도에 가까워서 일 년 내내 여름밖에 없다. 그리고 세계적인 스쿠버다이빙 포인트로도 잘 알려져 있는데, 어떤 조사 기관에서 선정하더라도 항상 다이빙하기 좋은 곳 Best 5 정도 지역에는 포함된다. 그래서 호주에 다녀오는 길에 한 번쯤은 둘러보고 싶어서 일부러 나흘 정도 시간을 내서 방문하였다. 스쿠버다이빙 자격증을 가지고 있기는 했지만 자주 시간을 못 냈는데, 이곳에서는 작정하고 시간을 할애하기로 마음먹었다. 대낮에도 몸길이가 1m는 족히 넘는 엄청나게 큰 갑오징어가 보이는가 하면, 그 오징어를 잡아먹으려고 온갖 다랑어들이 뒤를 쫓는

프리다이빙 산책

추격전을 목격할 수 있었다. 형형색색의 물고기는 말할 것도 없이 몸집이 아주 큰 바다거북, 다랑어 종류의 대형 어종, 군락을 지어 다니는 작은 물고기 떼 등이 인간에 대한 두려움 없이 유유자적하고 있었다. 이곳의 하이라이트는 야간 다이빙인데, 낮에는 볼 수 없었던 2m 이상의 이름 모를 물고기들이 불빛을 따라서 따라다니는 환상적인 장면을 목격할 수 있다. 이전에도 야간 다이빙을 해 보긴 했지만 그레이트 베리어프 지역의 밤바다에서 즐긴 다이빙은 특히 기억에 남는다.

이튿날 새벽에 스쿠버다이빙을 하고, 배의 갑판에 올라가 난간에 기대어 스노클링을 즐기는 사람들을 보면서 쉬고 있었다. 그때 바다에는 약간의 조류가 있었는데 중국인으로 보이는 커플 두 사람이 구명조끼를 입고 배 아래로 내려갔다. 약간 불안해 보이더니 결국 조류에 밀려서 100m 이상 배와 떨어져 떠내려가기 시작했다. 구명조끼를 입었더라도 수영을 전혀 못해서 물 위에 떠 있기가 쉽지 않았던 모양이다. 다행히 배에는 안전요원들이 있어서 그들은 금세 구조되었다. 나는 그들이 프리다이빙을 배웠더라면 어땠을까 하고 생각했다.

서양인들이 많이 탄 배를 타고 바다로 나가면 선장이 섬 근처나 5m 이내의 연안에 배를 정박해 두고 잠시 스노클링을 즐기고 오라고 할 때가 있다. 그때 외국인들은 거침없이 바다로 뛰어드는데 동양인들은 튜브가 준비되어 있느냐고 선원들에게 물어본다. 물론 대체로 없다. 서양 사람들은 어릴 적부터 생존 수영을 배우지만 동양에서는 수영이 필수 과목이 아닐뿐더러 수영을 실내 수영장에서만 배우는 경우가 많다. 경험이 부족하므로 수영할 줄 아는 사람이라도 바다에 들어가기를 꺼리는 것이다. 프리다이버 입장에서 구명조끼를 입고 물에 들어가면 수영하기 거추장스럽고 수심 1m 아래에도 내려가 볼 수가 없다. 그런 의미에서 구명조끼는 여간 불편한 장비가 아니다.

▲ 〈그리스 화산섬〉 서양인들은 동양의 문화와 달리 어릴 적부터 물에 들어가서 놀거나 수영을 할 기회가 많다. 몇 년 전, 그리스에서 배를 타고 나가다 선장이 바다 한가운데 배를 세우고 잠시 쉬어 간다고 말하니, 유럽인들이 수영을 위해 옷을 벗기 시작했다. 잠시 후 배에는 동양인 몇이 남았을 뿐이었다.

프리다이빙 산책

목욕탕에서만 수영을 즐기는 당신에게

물놀이는 좋아하지만 물을 무서워하는 사람들은 프리다이빙을 배우면 좋다. 자연스럽게 생존 수영을 배울 수 있게 되고, 살랑거리는 파도를 즐길 수 있으며, 발이 닿지 않는 바다도 더는 두려운 공간이 아니라 재미있는 놀이터로 여기가 된다. 또한, 자녀에게 생존 수영을 가르쳐야겠다고 생각하는 부모가 있다면 프리다이빙을 추천한다. 프리다이빙 단체에 따라서 규정이 약간 다르긴 하지만 만 10세부터 프리다이빙을 배우고 자격증을 딸 수 있게 되어 있다. 청소년기부터 물에 대한 친숙함을 몸에 익힐 수 있다면 성인이 되어서 유용하게 쓸 일이 많을 것이다.

한편 따뜻한 나라를 좋아하여 동남아 여행을 자주 가는 분들도 프리다이빙은 꼭 배워야 하는 멋진 아이템이다. 최근 몇 년 사이에 필리핀 등지에서는 호핑투어[16]가 엄청나게 유행하고 있다. 가장 인기 있는 호핑투어 프로그램은 한국인들이 만들어 낸 것으로 스노클링과 이벤트로 구성되어 있다. 각각의 포인트로 이동하는 사이에 먹고 노래하고, 춤도 추면서 즐거운 시간을 만들 수 있다. 게다가 스노클링을 하는 장소까지 이동하는 시간까지도 절약할 수 있게 해 준다. 이 프로그램을

---

16) 호핑투어(Hopping tour): 섬과 섬 사이를 거닐면서 바다와 섬에서 다양한 체험을 하는 여행.

이용하는 사람들은 대부분 한국 관광객인데 보통은 구명조끼를 입고 입수하지만, 3~8m 정도는 잠영으로 내려가서 구경하고 올라오는 사람들이 더러 있다. 이들이 바로 프리다이빙을 배운 사람들이다. 프리다이빙을 배우고 호핑투어를 간다면 구명조끼를 입고 불편하게 수면에서만 물속을 구경하는 것이 아니라 물 밑으로 내려가서 더욱더 흥미로운 경험을 할 수 있다. 또한, 여행 파트너가 사진과 영상 촬영에 재능이 있다면 자신의 인어 같은 모습을 추억으로 남겨 올 수도 있다.

그 밖에 프리다이빙이 필요한 이들은

해경이나 해군, 해병대 혹은 공군 장교로 입대하는 때도 프리다이빙을 배우면 아주 좋다. 위급한 상황에서 동료의 목숨을 구해 줄 수도 있고 UDT[17] 같은 곳에서 특수 훈련을 받을 때도 유용하다. 프리다이빙을 배우면 숨을 오래 참아야 하는 상황이나, 물속으로 20m 이상 깊이 잠수하는 훈련이 특별히 어렵지 않게 느껴질 것이다. 선행 학습의 효과가 생기기 때문이다.

....

17) UDT(Underwater Demolition Team): 수중 파괴반, 해안 정찰 및 물속에 설치된 기뢰 따위의 장애물을 폭파하거나 제거하는 일을 맡아보는 해군 부대.

▲ 〈K26 실내 잠수풀〉 한국은 프리다이빙을 시작하기 좋은 환경이다. 대도시마다 5m 풀장이 잘 갖춰져 있고, 경기도 가평에 가면 수심이 26m나 되는 K26 풀장이 있다. 또 최근에는 용인에 딥 스테이션 풀장이 개장될 예정이다. 36m가 넘는 수심의 시설이라고 하니 이제 한국에서도 바다 날씨와 관계없이 프리다이빙을 배울 수 있는 환경이 만들어졌다.

한번은 이런 학생이 있었다. 공군 장교로 지원해서 가게 되었는데, 5m까지 이퀄라이징을 해야 하는 시험이 있다고 했다. 프리다이버들에게는 아주 얕은 깊이다. 하지만 이 학생은 물에 대한 적응력이 충분하지 않았기 때문에 처음부터 하나씩 배워 가야 했다. 2주 동안 짧게 훈련했지만 5m 깊이는 내려갈 수 있었다. 아마도 좋은 결과가 있었을 것 같다.

사실 특별히 필요해서가 아니라 프리다이빙을 취미로 즐기기 위해 배우는 것이 가장 추천할 만한 일이다. 한번 배워 놓으면 평생의 능력으로 삼을 수 있는 운동이면서, 스스로 바다에 들어가서 물속 세상을 느끼고 경험할 수 있는 일이니 얼마나 유쾌한 경험이 될지는 상상만으로도 흥분되는 일이다. 인간은 누구나 물속에서 적응할 수 있는 본능적인 능력이 있고, 그것을 잘 일깨우고 능력을 향상해 줄 수 있는 사람이 훌륭한 프리다이빙 강사라고 할 수 있다.

13

프리다이빙 자격증 취득 노하우

국내에서도 다양한 단체가 프리다이빙 교육을 하고 있다. AIDA, SSI, PADI, CMAS 등 점차 많은 단체가 프리다이빙 교육을 시작하고 있다. 이는 프리다이빙에 대한 사람들의 관심이 늘어나고 이를 즐기고자 하는 의지가 더욱 커지고 있다는 뜻이다. 얼마나 많은 사람이 프리다이빙에 입문했는지 정확히 알 수는 없지만 2019년 해양수산부 발표 자료에 따르면 수중 레저 인구는 2015년 76만 명 → 2016년 108만 명 → 2017년 115만 명으로 급격히 증가하고 있다.

매년 수상 레저 인구가 급증하고 있는 가운데, 2018년에 프리다이빙 교육을 시행한 한 단체에 따르면 한국이 프리다이빙 자격증을 가장 많이 배출한 국가로 선정되었다고 한다. 프리다이빙에 입문하기 위해서는 강사를 만나서 교육을 받아야 한다. 그러고 나서 이론과 실습을 포함한 테스트를 통과하면 기초 프리다이버가 될 수 있다. 문제는 프리다이빙 단체와 프리랜서 강사, 센터를 운영하는 전문 숍이 매우 많고, 국내와 국외에서 시작하는 다양한 옵션이 있어서 어떻게 선택해야 할지 망설여진다는 것이다. 단체를 선택할 때에는 다이빙을 지속해서 배울 수 있고 사람들의 커뮤니티가 잘 형성되어 있는 곳을 선택하는 것이 좋다. 교육비가 얼마나 합리적인가도 중요하지만 교육과정이 어떻게 구성되어 있는지, 기간은 어떻게 충분한지 꼼꼼히 상담해 보고 시작하는 것이 좋다. 비용이 저렴하다는 이유로 특정 프리랜서 강사들이나 단체를 선택하였다가 자격증 비용만 내고 교육을 끝까지 완료하지 못하는 사람들도 있다.

◀ 〈프리다이빙 자격증 이미지〉SSI나 AIDA와 같은 유명한 프리다이빙 단체들은 자격증을 디지털 카드로 발급한다. 플라스틱 카드를 받고 싶다면 소정의 수수료를 내면 신청해서 일주일 내에 받아 볼 수 있다.

우선 국내에서 교육받는 것이 좋을지, 해외에서 받는 것이 좋을지에 대해서 언급해 보려고 한다. 물론, 판단은 개인의 몫이다.

프리다이빙 산책

당연한 이야기지만 국내외에서 훈련을 받는 경우 모두 장단점이 있다. 비용 면에서 보자면 국내에서 가장 많이 따는 SSI, AIDA 기준으로 25만~55만 원 사이에서 베이직 또는 초급 레벨의 자격증을 딸 수 있다. 해외에서는 자격증 취득 비용 자체는 국내보다 5~10만 원 정도 저렴한 편(20만~45만 원 정도)이다. 그러나 해외에서는 항공 요금, 숙박비, 식비 등을 지출해야 하므로 총비용은 해외가 국내보다 2배 정도 비싸다. 직장인이라면 휴가를 내고 가야 해서 연차 비용까지 계산하면 추가 비용이 더 발생한다. 교육 기간은 국내에서 초·중급 레벨(AIDA 2, 3 기준)을 취득하는 데 2~3일 정도 걸린다. 문제는 이 짧은 기간에 이론 수업을 받고 필기시험을 치르고 실제 해양에서 테스트를 받는 과정을 한 번에 끝낼 수 있냐이다. 본인이 사는 지역에서라면 강사에 따라서 교육 기간을 좀 더 길게 해 주거나 본인이 원하는 시간에 실시할 수 있는데, 해외에서는 정해진 기간 내에 자격증을 취득하고 돌아와야 하므로 심리적 압박을 받게 된다.

프리다이빙은 해녀처럼 숨을 참고 10~20m 이상 내려가야 하는 테스트를 거쳐야 하는데, 이때 압력평형을 맞추기 위해 이퀄라이징을 진행해야 한다. '이퀄라이징'은 수심이 깊어지면서 받게 되는 압력 때문에 고막에 통증이 생기는 것을 막기 위해, 폐에서 공기를 나누어 보내서 귀가 아프기 전에 중이에 있는 얇은 막으로 형성된 고막을 부풀려

주는 행위이다. 평소에 사용해 보지 못한 근육을 사용하는 것이기 때문에 훈련을 통해 수월하게 진행하는 사람이 있지만, 몇 달을 연습해야만 터득하는 경우도 있다. 이퀄라이징이 되지 않으면 2m도 채 못 내려가기 때문에 해외에 단기간에 자격증을 취득하러 나갔다가 아무것도 이루지 못하고 돌아오는 경우가 생길 수 있다.

초·중급 레벨[18] 1, 2 정도는 본인의 몸을 파악하며 국내에서 천천히 교육을 받는 것이 좋다. 이러한 과정을 통해 본인의 신체 조건과 능력을 향상하는 것이 안전하다. 필리핀이나 태국, 다합(이집트 시나이반도 남부에 있는 관광도시로) 등 해외에서 교육을 받을 때 가장 큰 장점은 바다의 상태가 좋다는 것이다. 우선 시야가 탁 트여서 좋고, 파도도 잔잔한 편이다. 국내 바다는 시야가 아무리 밝은 곳도 5~20m 정도에 불과한데 해외는 30m 이상 되는 곳도 꽤 있다. 그리하여 바닷속으로 깊이 들어갈 때 심리적으로 부담을 덜 느낄 수 있다. 바다의 수온도 큰 차이가 있다. 한국 사람들이 잘 가는 세부나 막탄(필리핀 중부 세부주에 있는 섬)은 수온이 28~30도 정도로 일정한 편이어서 두께가 3㎜인 슈트나 래시가드만 입고도 교육을 할 수 있다. 반면 한국의 바다는 9월에서 10월 초에만 3㎜ 슈트를 입을 수 있고 한여름에도 냉수대가 들어오는 경우가 있어서 보통은 5㎜ 슈트를 입고 진행해야 한다. 다만

....

18) 각각 단체마다 레벨을 표현하는 단위가 달라서 혼동이 있을 수 있다. 예를 들면 SSI는 베이직 1, 2, 3, AIDA는 1, 2, 3, 4단계로 올라간다.

한국은 5m 풀장 시설이 아주 잘 되어 있어 훈련할 때 3㎜ 슈트를 유용하게 사용할 수 있다. 동해의 겨울 수온은 10도 이하로도 내려간다. 한국 바다도 위치에 따라서 다르긴 하지만 보통은 수온이 떨어지는 겨울부터 초봄까지 시야가 깊게 확보되는 편이다.

프리다이빙 자격증을 취득하는 과정도 중요하지만 커뮤니티에 가입하는 것도 중요하다. 자격증을 딴 후에 다른 사람들과 함께 다이빙을 즐길 수 있는 모임이 있어야 한다는 의미다. 국내에서 자격증을 따게 되면 자연스럽게 해당 지역 다이빙 센터의 회원들과 어울려서 풀장 트레이닝에도 참여하고 국내외 투어를 함께 다닐 수 있다. 혼자 배우기 시작해도 자연스럽게 그룹의 일원이 되어서 즐길 수 있다.

반면 해외에서 자격증을 따서 국내로 들어오면 다시 새로운 그룹을 찾아야 한다. 사회성이 좋은 사람이라면 교육을 받지 않고도 해당 단체에 들어가서 소속감을 느낄 수도 있지만 약간의 어색함을 느낄 수도 있다. 자격증을 따러 해외에 간다면 마치 여행을 가는 것처럼 설렐 수 있지만, 안전사고에도 대비해야 한다. 그러므로 경험이 있는 사람과 함께 가거나 검증된 장소를 예약하고 현지인의 도움을 받는 것이 중요하다. 공항 픽업 서비스를 받아 안전하게 지역 다이빙 센터까지 이동할 수 있으니 참고하기 바란다.

지금까지의 이야기를 시간이 많지 않은 직장인이나 자영업자들의 경우 초·중급 과정은 국내에서 배우면서 자격증을 취득하는 것이 결과적으로 비용을 아끼면서도 지역 커뮤니티까지 형성할 수 있는 좋은 방법이라는 것이다. 국내에서 버디를 구할 수 있으면 언제든지 5m 풀장에 나가 연습할 수도 있고 바다에 나가서 스노클링을 하면서 즐길 수도 있다. 이렇게 자격증을 취득하고 해외의 시야가 확보되는 바다에 트레이닝을 하러 가거나 호핑투어를 하게 된다면 마음도 편안해지고 스트레스 없이 따뜻하고 아름다운 바다를 온전히 즐길 수 있다.

14

워밍업 다이빙의 중요성

　사람들은 아침에 일어나면 기지개를 켠다. 깊은 밤 잠자는 동안에 거의 움직이지 않았던 굳은 몸을 풀어 주기 위한 인간의 본능적인 동작이다. 아기들도 깊이 잠을 자고 일어나면 팔다리를 쭉 펴고 크게 기지개를 하며 잠을 깨운다. 옛날 어른들은 기지개를 켜면 성장에 도움이 된다고 하여 아이들의 관절을 주물러 주곤 했다.

　추운 겨울에 자동차를 운전하기 전에 2~3분 정도 시동을 걸어 둔 후에 가속 페달을 밟으면 엔진 소리가 부드럽게 난다. 이는 따뜻하게 엔진을 데워 준 결과다. 동물뿐만 아니라 기계조차도 본격적으로 움직임을 시작하기 전에는 몸을 풀어 주는 게 좋다.

프리다이빙에서 워밍업이 차지하는 비중과 중요성

프리다이빙은 극한의 지점까지 숨을 참으며 더 깊은 바다 아래로 내려가는 여행이다. 그러므로 몸을 충분히 풀어 주고 들어가야 한다. 프리다이빙에서 워밍업(Warming-up)하는 방법은 크게 두 가지로 물 밖에서 하는 각종 스트레칭과 물속에서 하는 워밍업이 있다. 물 밖에서 하는 스트레칭은 다음 장에서 상세히 다루기로 하고 여기서는 물속에서 하는 방식에 관해서 설명해 보자.

아주 먼 옛날이지만 포유류의 한 종인 인간도 물속에서 진화를 시작했다. 그 흔적 중의 하나가 우리 몸속에 아주 희미하게 남아 있는데, 바로 프리다이버들이 MDR이라고 부르는 '포유류 잠수반응'이다. 이 반응을 한마디로 설명하면 다음과 같다.

"모든 인간은 물속에 들어가면 숨을 더 오래 참을 수 있다."

물속에서는 무섭기도 하고 30초도 숨을 못 참겠는데 무슨 소리냐고 생각할 수 있지만, 프리다이빙을 경험하게 된다면 쉽게 이해할 수 있다. 어쨌든 이 반응을 유도해야 더 오래 숨을 참고 더 깊이 내려갈 수 있다. MDR 반응을 끌어내기 위해서 프리다이빙을 하기 직전에 얕은 수심에서 워밍업을 실시한다. MDR 반응이 몸에서 일어나고 있는지 쉽게 확인하는 방법은 두 가지가 있다. 첫째, MDR 반응이 오게 되면 같은 수심을 내려가더라도 숨을 참는 것이 좀 더 편하게 느껴진다. 둘째, 침수이뇨[19] 증상이라고 해서 다이빙을 하고 상승할 때 소변이 마려운 것을 느끼게 된다. 이는 자연스러운 현상이니 참지 말고 몸 밖으로 소변을 배출하면 된다. 이러한 이유로 다이빙 도중에는 물을 한 통 챙겨가서 수분을 자주 보충해 주는 것이 좋다. 만약 여의치 않다면 다이빙 전에 충분한 수분을 섭취하고 시작하기를 권한다. 사실 바다에서 다이빙할 때는 슈트를 입은 채로 소변을 봐도 괜찮지만, 실내 수영장에서는 물 밖으로 나와서 화장실에 다녀오는 것이 기본 예의다.

물속에서 워밍업하는 또 다른 이유는 자신의 몸 상태를 올바로 점검하기 위해서이다. 천천히 줄을 잡고 하강하면서 귀의 압력평형에 문제가 없는지 확인해 본다. 부비강에 압력을 표시하면서 통증은 없는지, 마스크에 물이 들어오지 않는지, 스트랩이 너무 꽉 끼거나 헐렁해서 착용감에 불편함이 없는지 확인해 보는 것이 중요하다. 워밍업 다이빙은 보통 10~20m 내에서 2번 정도 실시하는 것이 바람직하다. 선수 중에는 워밍업 다이빙을 건너뛰고 바로 최고 기록에 도전하는 이도 있는데, 이것은 힘을 아껴서 최대한의 결과를 내기 위한 자신만의 전략이

....
19) 물속에 들어가면 소변이 마려운 증상.

다. 선수들은 워낙 물속에 자주 들어가다 보니 MDR 반응도 잘 오고, 경기 당일 본인의 컨디션을 잘 알고 있다. 그러나 보통의 프리다이버라면 워밍업 후에 다이빙하는 것이 더욱 안전하므로 이를 추천하고 싶다. 이상적인 프리다이버는 기록을 의식하는 것이 아니라 안전을 가장 중요시하는 사람이다. 안전하게 반복적으로 다이빙 훈련을 하다 보면 기록은 자연스럽게 좋아질 것이다.

▼ 〈10m 잠수 상태〉 프리다이빙 당일의 컨디션은 매우 중요하다. 물 밖의 몸 상태도 중요하지만 물 안에 들어가서 신체의 기관을 꼼꼼하게 살펴보며 긴장 완화가 잘되는지 점검해 보는 것이 워밍업 다이빙의 목적이다.

15

나만의 버킷 리스트, 프리다이빙

미지의 영역을 개척하는 도전 의식

2020년 한국에도 프리다이빙 열풍이 불고 있다. 한 프리다이빙 자격 증 단체에 따르면 2018년 전 세계에서 프리다이빙 자격증을 가장 많 이 발급한 국가는 한국이라고 한다. 이렇듯 프리다이빙을 배우려는 사 람들이 유행처럼 번지고 있다. 이는 각종 방송과 SNS를 통해 쏟아지는 사진과 영상 자료의 영향이기도 하다. 어느새 나도 한번 도전해 보고 싶은 매력적인 스포츠가 되었다.

누구나 수첩에 적어 놓은 혹은 마음속에 품고 있는 버킷리스트가 있 을 것이다. 세계 여행, 10억 모으기, 영어 잘하기, 승마 배우기, 마라톤 완주하기, 악기 다루기, 해외에 나가서 한 달 살아 보기, 외국인 친구

사귀기, 유튜버 되기 등이 있을 것이다.

그 사실을 알고 있는가? 지구의 70%는 물로 덮여 있다. 그러므로 물 밖에서 아무리 많은 경험을 한다고 하더라도 겨우 30%의 영역에 그칠 뿐이다. 프리다이빙을 배우면서 바닷속으로 돌아가 자신의 본능을 일깨우고 물속 아름다운 세상을 체험하는 것은 단순한 경험이 아니라, 인간이 어디서 태어났고 어디로 돌아가는가를 간접적으로 느껴 볼 수 있는 커다란 깨달음의 과정이다. 이런 의미에서 프리다이빙은 버킷리스트의 한 꼭지를 채울 가치가 있다고 생각한다. 물론 사람마다 자신이 소중하게 생각하는 가치가 다를 수는 있겠지만…….

시작이 반이다? 첫 단추를 잘 끼우려면

몇 년 전 SBS의 〈정글의 법칙〉에 최초로 소개된 후로 각종 예능 프로그램을 통해서 프리다이빙을 하는 모습이 방영되었다. 매력적인 스포츠라는 것은 분명 알겠는데, 어떻게 시작해야 할지 막막해하는 분들이 있을 것이다. 어떻게 하면 좋은 강사나 교육 센터를 고를 수 있는지 생각해 보자.

▲ 〈햇빛이 내리쬐는 바다〉 누구에게나 하고는 싶지만 도전해 보지 못한 영역이 있다. 시간이 없어서, 돈이 없어서, 용기가 없어서. 이유는 다양하지만 결국 작은 핑계에 불과하다. 바다를 경험하고 자신의 한계에 도전하는 프리다이빙을 버킷리스트에 담아 실행에 옮겨 보자. 설렘을 간직한다는 것은 인생의 또 다른 목적이다.

우선 내가 사는 지역에 프리다이빙 센터가 있는지 검색해 본다. 인터넷 검색 한 번이면 가볍게 확인할 수 있다. 우리는 그런 시대에 살고 있다. 시작을 안 해서 못하는 것이지 일단 하겠다고 마음만 먹으면 일은 일사천리로 이뤄질 것이다. 그렇다면 다양한 정보가 쏟아질 텐데 어떤 곳에 가서 배워야 하나?

선택지는 두 가지다. 프리랜서 강사에게 배우느냐 혹은 오프라인 매장이 있는 전문 교육 센터를 통해서 배우느냐 하는 문제다. 프리다이빙의 특성상 교육 센터에 소속된 강사보다는 프리랜서로 활동하는 강사가 더 많다. 왜냐하면, 강사 개인이 얻을 수 있는 학생 수가 충분하지 않아서 매장을 내는 경우는 이윤 창출에 어려움을 겪기 때문이다. 프리랜서 강사는 늘어나는데, 홍보 방법은 다 비슷해서 결국엔 학생이 늘지 않는 악순환을 겪기도 한다. 결국, 자격증 발급 비용을 낮춰서 교육생을 조금이라도 더 유치하고 본인의 인건비를 낮추게 되는데, 이렇게 하면 일하는 양에 비해서 수입이 줄어드는 문제가 생긴다. 그리하여 이윤 창출을 목적으로 하는 프리다이빙을 포기하는 강사들이 생기며, 이들은 다른 직업을 찾아서 이직하는 경우가 일반적이다. 그리하여 어렵게 취득한 강사 자격증이 하나의 유물처럼 남게 된다.

사실 수강생이 지속해서 늘지 않으면 개인 강사가 1년 가까이 학생을 돌보면서 가르치기 힘들다는 것이 현실적인 어려움이다. 결국, 빨리빨리 자격증을 발급해 주고 교육을 마무리해야 하는 상황이 발생한다. 그러나 단점만 있는 것은 아니다. 프리랜서 강사에게 배우면 비교적 저렴한 수업료를 내고 시작할 수 있다. 사실 수강료가 저렴하다는 것은 학생들이 아주 매력적으로 느끼는 장점이다.

안정적이고 지속적인 훈련과 교육을 제공하는 곳에서

그러나 솔직히 내가 추천하고 싶은 방식은 비용을 조금 더 내더라도 오프라인 교육 센터가 있는 곳을 찾아서 상담을 받고 제대로 배우는 것이다. 물리적으로 만날 수 있는 공간이 있다는 것이 핵심이다. 궁금한 것이 있으면 언제든지 찾아가서 물어볼 수 있고, 교육비를 지불하고도 강사와 한동안 연락을 하지 않고 있다가, 오랜만에 연락할 때 연락이 닿지 않을까 걱정할 필요도 없다. 교육장에서 체계적인 이론 수업을 들을 수도 있고, 각종 장비도 실제로 보고 만져 보고 난 후에 구매할 수 있다. 또한, 수강 등록을 하고 자격증 취득 과정을 수료할 때까지 최대 1년 동안 다른 학생들과 함께 안정적으로 트레이닝을 받을 수도 있다.

두 번째 고려해야 할 사항은 수영장이나 바다가 가까이 있는가이다. 수영장에서는 날씨에 구애받지 않고 자주 훈련을 받을 수 있지만, 바다에 나가는 실전 프리다이빙은 바다가 가까울수록 자주 활동할 수 있다. 보통은 최소 3~4명 정도를 모아야 인건비를 확보할 수 있으므로 사람들이 쉽게 모이는 바다 가까이에 있는 교육 센터를 고르는 것이 좋다.

프리다이빙 자격증은 수심 10~16m 이상 깊이의 바다에 나가거나 가평에 있는 K26 잠수 풀에 방문해서 수심 및 각종 테스트를 마쳐야 비로소 발급받을 수 있다. 다만 베이직 프리다이버 자격증 취득 과정 정도는 5m 풀장에서도 이수할 수 있다.

마지막으로 해외에서 자격증을 따는 방법이 있다. 여행도 하고 자격증도 딸 수 있으니 일거양득이다. 물속 적응력이 뛰어난 분들은 두 가지를 달성하고 오지만, 돈만 내고 체류 기간 내에 자격증을 취득하지 못하는 경우도 종종 있다. 이런 경우는 국내로 돌아와 다른 단체에 다시 비용을 내고 자격증을 취득해야 한다. 레벨 1, 2 정도까지는 국내에서 안정적으로 진행하는 것을 추천한다.

프리다이빙 산책

나와 찰떡궁합인 강사를 찾는 노하우

끝으로 몇 가지 소소한 팁을 안내하겠다. 첫 번째 팁은 교육 센터나 프리랜서 강사에게 등록하기 전에 그분들이 운영하는 인터넷 카페나 홈페이지에 들어가 보자. 해당 업체의 카페나 커뮤니티가 잘 활성화되어 있는 곳에서 나만의 버디를 찾기가 유리하다. 아무리 좋은 강사라 하더라도 나만 따라다니면서 버디를 해 줄 수는 없다. 가능하다면 마음이 맞는 친구나 연인, 가족 중의 한 명과 같이 시작한다면 최고의 버디를 가지게 되겠지만 같은 취미를 가진다는 것이 그렇게 쉽지가 않다. 이것이 현재 잘 활성화된 단체를 찾아서 시작하는 것이 버디를 찾기에 유리한 이유다.

두 번째 팁은 자신을 가르치게 될 강사의 인스타그램이나 포털 카페에 접속하여 학생들을 찍어 준 사진을 살펴보는 것이다. 프리다이빙을 배우면서 사진을 찍어 추억을 남기는데, 강사마다 사진과 영상을 찍는 열정이나 능력이 천차만별이기 때문이다. 관심은 있는데 능력이 없거나, 능력은 있는데 열정이 부족한 경우에도 사진을 잘 찍어 주지 않는다. 포토샵이나 영상 편집까지는 아니더라도 열심히 학생들에게 추억을 만들어 주는 강사, 여러 가지 이벤트를 연구해 와서 교육 이외의 재미를 만들어 주는 강사와 더불어 프리다이빙을 배운다면 훨씬 재미있고 의미 있는 시간이 될 것이다.

  그리고 가장 중요한 세 번째 팁은 배우게 될 강사의 사람 됨됨이를 보고 선택하는 것이다. 사람에 대한 평가는 첫인상에서 결정되지 않는가? 아무리 좋은 능력을 갖췄더라도 인성이 좋아야만 내가 선택한 강사에게 100%의 신뢰를 보낼 수 있게 된다.

▲ 〈5m 풀장에서 익살〉 프리다이빙을 하려면 버디가 꼭 필요하다. 나의 첫 버디는 강사가 되는 경우가 많은데, 어떤 강사를 만나서 어떻게 배우느냐에 따라 프리다이빙을 바라보는 시각이 완전히 달라질 수 있다.

프리다이빙 산책

2

바다,
그 수면 아래로

1

나의 생명, 나의 버디

친구이자 스승이며 구조자

영어로 'Buddy'는 친구라는 뜻이다. 'Friend'가 예의를 갖춘 표현이라면 'Buddy'는 어릴 적 고향 친구나 학교에서 사귄 동창 정도로 볼 수 있다. 그래서 그런지 버디가 프렌드보다 더 정감이 간다.

프리다이버는 항상 버디를 동반하여 다이빙한다. 첫 입문을 하는 초보자에게는 전문가인 강사가 버디가 된다. 다이버들은 흔히 프리다이빙을 멘탈 스포츠라고 말한다. 잠수하기 직전에 온 정신을 집중하여 호흡을 가다듬고 최종적으로 폐로 공기를 몰아넣는다. 프리다이버라면 자신의 한계 PB(Personal Best: 개인 최고 성과)에 도전하는 쾌감을 종종 느끼곤 한다. 숨을 오래 참는 훈련을 하거나, 더 깊이 잠수하는 기록에 도전하게 되는데, 이런 경우에 블랙아웃[20]이 오거나 예기치 못한 상황을 맞이할 수도 있다. 이런 위기 상황이 오더라도 당황하지 않도록 도와주는 것이 물속에서 버디의 역할이다. 버디를 믿고 신뢰할 때 자신의 최고 기록에 도전할 수 있다. 정신적으로 불안감을 느끼면 뇌에서 산소를 더욱 많이 소비하게 되고 결국 숨이 모자라 목표 수심에 도달하는 데에 실패하거나 정신을 잃는 최악의 경험을 하게 될 수도 있다. 프리다이버에게 버디는 자신의 목숨 줄을 쥐고 있는 사람이다. 좋은 버디를 구하는 최고의 방법은 자신이 상대방에게 좋은 버디가 되는 것이다.

레스큐, 위험에 빠진 동료를 구출하라

버디는 상대방이 다이빙하는 수심의 1/3 지점, 최대 30~40m 정도까지 따라 내려가서 상대방을 안전하게 구조할 수 있는 준비를 한다. 예를 들어 보자. 30m를 목표로 잠수하는 다이버가 있다면 올라오는 시간을 계산하거나 수면에서 로프를 잡고 신호를 기다린다. 아래에서 당기는 신호가 오면 10~12m 정도까지 내려가서 바닥을 찍고 올라오는 다이버의 상태를 확인하면서 함께 올라온다. 이때 간단한 눈인사를 통

....

20) 블랙아웃(Blackout): 산소 부족으로 인한 의식 상실. 물속에서 다이빙하다가 호흡 부족으로 인해 수면에 도달하기 전에 기절하는 증상.

해 상대방의 컨디션을 점검한다.

▲ 〈나만의 버디〉 소중한 동료가 물속에서 위험한 상황을 맞는다면 안전하게 구조할 수 있어야 한다. 다이빙할 때는 눈빛이나 동료의 움직임 등 작은 부분까지 세심하게 살펴보며 도움을 줄 수 있어야 편안하고 믿음직한 버디가 될 수 있다.

버디는 몇 가지 단서를 통해 다이버의 문제점을 추정할 수 있다. 첫째, 눈에 초점이 없다. 그때는 의식을 잃어 가고 있는 순간일 수 있다. 그러니 주의해서 살펴봐야 한다. 둘째, 눈을 마주치지 못하고 당황하는 기색이 있다. 위기 상황이다. 즉시 레스큐(Resque: 구출 작업)를 준비해야 한다. 셋째, 핀을 눈에 띄게 빨리 차고 올라온다. 이때는 얕은 물에 가까워졌을 때 블랙아웃이 올 수 있으므로 주의 깊게 살펴봐야

프리다이빙 산책

한다. 넷째, 조류나 시야의 문제로 눈을 마주치지 못한 상황에서 올라오는 다이버가 물속에서 폐 속의 공기를 모두 내뱉는 것을 목격했다면 블랙아웃 상태에 들어갔다고 추정할 수 있다. 우리의 인체는 물속에서 기절하는 경우 자동으로 기도가 닫혀 물을 삼키지 않게 된다. 다이버를 안전하게 레스큐하여 올라온 뒤에 훈련받은 대로 마스크를 벗기고 볼에 공기를 불어넣어 준다. 대부분은 이 상황에서 의식이 돌아오지만, 만약 그렇지 않다면 최악의 경우, 다이버를 안전한 곳으로 끌고 나온 뒤에 인공호흡과 심폐소생술을 병행해야 할 수도 있다. 따라서 버디는 구조 작업을 정확히 이해하고 위급 상황에도 항상 대비하고 있어야 한다.

프리다이빙 자격 과정을 통해 배운 기술이라도 오랫동안 써 보지 않았다면 실전에서 당황해 실수하게 된다. 상대방에게 좋은 버디가 되려면 평소에 구조자와 희생자의 역할을 번갈아 연습할 것을 추천한다. 이 과정을 통해서 상대방에게 신뢰감을 주는 물속 동반자가 될 수 있다.

프리다이빙 선수들이 수심 100m 이상 다이빙하는 경우에는 버디들이 1/3 지점까지 내려가서 구조하기 위해 대기한다. 이때는 위기 상황이 발생할 가능성이 커 다수의 버디가 각각의 수심에서 레스큐를 준비한다. 40m, 30m, 20m 수심으로 3명 이상의 버디가 내려가서 안전사고에 대비한다. 이러한 경우는 특별한 상황이고 대체로 프리다이버들은 한 명의 버디와 함께 안전한 다이빙을 즐긴다.

한 단체가 주관한 실전 대회에서 30m 지점에서 블랙아웃이 온 선수가 있었는데, 버디로 내려갔던 사람이 그 장면을 목격하고도 숨을 참지 못해 본인만 물 위로 올라온 사례가 있었다. 물 위에서 로프를 잡아당겨서 랜야드[21]를 하고 있던 사람을 구조하는 데는 성공했지만 매우 위험한 상황이었다. 이렇듯 버디의 임무를 다하지 못하면 상대방을 위험에 빠트릴 수 있다.

버디의 역할 정리

이렇듯 프리다이빙에서 버디의 역할은 절대적이다. 그 중요성을 강조하기 위해 다시 한번 버디의 역할을 정리해 본다.

1. 입수 전 상대방의 건강 상태 체크
2. 물속에서 상대방의 움직임을 신중히 관찰
3. 출수 후 회복 호흡, OK 사인 후 30초 이상 행동 체크

....

21) 랜야드(lanyard): 손목이나 발목, 혹은 허리 부위에 줄과 자신을 묶어 주는 안전을 위한 장치.

4. 서로 칭찬해 주고 조언을 주고받으며 신뢰 관계 형성

우리 인생에서도 좋은 버디를 만나는 것은 매우 중요하다. 좋은 가족을 만나 행복을 누리고, 좋은 친구를 만나 성장하고, 좋은 배우자를 만나서 인생을 함께 꿈꾸는 것. 이는 성공과도 직결되어 있다. 따지고 보면 우리는 서로에게 꼭 맞는 버디를 만나기 위해 인생을 살고 있는지도 모른다. 프리다이버에게 가장 신뢰할 수 있는 버디는 사랑하는 이성 친구 혹은 자신의 배우자이다. 자신이 가장 아끼는 사람과 함께 새로운 취미 생활에 도전해 보는 것은 어떨까? 평생의 버디는 덤으로 얻게 될 것이다.

2

프리다이버 호흡의 비밀

나는 아직도 바다로 프리다이빙을 하러 갈 때는 며칠 전부터 설렌다. 유제품이나 커피, 술도 피하면서 자연스레 몸 관리를 한다. 조금이라도 컨디션에 영향을 미칠 수 있는 나쁜 일들을 피하면서 마음의 안정을 찾으려고 노력한다. 또 짧은 코스를 산책하거나, 명상하면서 시간을 보내기도 하는데, 이때는 코끝에 정신을 집중하고 호흡하는 숨소리에 귀를 기울여 본다. 수평선 아래 잔잔히 파도가 치는 바다를 상상하면서 몇 분 동안 호흡에 집중하면 머리는 맑아지고 나를 괴롭히던 작은 스트레스는 어디론가 사라져 마음이 평온한 상태에 이른다. 이것은 프리다이버만이 느낄 수 있는 작은 행복인지도 모른다.

프리다이버로서의 첫걸음마, 호흡

프리다이버가 되면 처음 배우는 것 중 하나가 호흡법이다. 자격증의 레벨에 따라 짧게는 1분 30초, 길게는 3분 30초 정도 숨을 참을 수 있어야 각각의 테스트를 통과할 수 있다. 프리다이빙이 생소한 분들은 2분 이상 숨을 참는다고 하면 고개를 절레절레 젓는다. 3분 이상을 무호흡을 유지할 수 있다고 하면 슬슬 의심의 눈초리로 쳐다보기 시작한다. 믿을지 모르겠지만 스테틱 압니어(Static apnea: 숨 참기) 능력 세계기록은 무려 11분 35초다. 사실 이 정도는 극한의 수준이고, 4분 이상만 숨을 참을 수 있어도 꽤 훈련된 다이버라고 할 수 있다.

여러 번 언급했지만, 인간의 신체는 신비로움으로 가득 차 있다. 1분만 숨을 쉬지 않아도 기절하거나 죽을 것 같지만 프리다이빙 이론을 배우고 훈련을 한다면 그 시간을 비약적으로 늘릴 수 있다. 오래전 예능 프로그램에서 제주도의 해녀와 박태환 선수가 숨 참기 대결을 한 적이 있다. 박태환 선수가 3분을 넘게 참았지만 결국 제주도 할머니가 여유 있게 승리했다. 준비 없이 3분을 참은 박태환 선수도 대단하지만, 70세가 넘은 할머니가 물속에서 3분 이상을 참을 수 있다는 점이 사람들에게는 신기하게만 느껴졌다. 대체 어떤 비밀이 있기에 인간은 오랫동안 물속에서 호흡을 멈출 수 있는 것일까? 슬슬 궁금증이 발동하기 시작한다.

　우선 한 가지를 짚고 넘어가야 한다. 인간이 숨을 쉬고 싶은 욕구는 체내에 있는 산소(O_2)가 부족해서가 아니라, 체내에 축적된 이산화탄소(CO_2)를 내뱉고 싶은 충동 때문에 일어나는 것이다. 이 점이 중요한데, 산소는 공기를 들이마실 때 체내의 혈액 속으로 녹아들게 되고, 이산화탄소는 내뱉을 때 대기 중으로 돌아가게 된다.

▲ 〈물속에서 숨 참는 모습〉 처음 물속에서 숨을 참는다는 것은 그렇게 유쾌한 기분은 아니다. 하지만 하다 보면 점점 욕심이 생기기 마련이고, 자신의 한계를 극복하면서 기록을 조금씩 늘려 가게 된다.

　　　　　　　　　　　　　　　　　　　　　　　　　　프리다이빙 산책

3단계 호흡법만 익히면 당신은 이미 프리다이버

그럼 이제 프리다이버의 호흡법을 살펴보자. 크게 준비 호흡, 최종 호흡, 회복 호흡 3가지로 이루어진다. 준비 호흡은 말 그대로 다이빙을 하기 전에 준비하는 단계이다. 천천히 4~8초 정도 숨을 들이쉬고 6~12초 정도 내쉬는 방식이다. 어려울 게 없다. 여기서 들숨보다 날숨을 길게 하는 이유는 내뱉을 때 체내의 이산화탄소의 농도가 낮아지기 때문이다. 위에서 언급했듯이 CO_2 농도가 낮아지면 호흡 충동이 늦게 온다. 이것이 숨을 더 오래 참는 방법이다. 이 방법대로 8~10회 정도 반복한다. 그다음은 최종 호흡으로 연달아서 넘어가는데 방법은 같다. 다만 호흡의 길이와 강도를 조금 더 길게 하고 마지막 들숨에서 최대한 숨을 머금고 호흡을 멈춘다. 그리고 입에 물고 있던 스노클을 빼고 물속으로 다이빙을 시작한다. 최대한 숨을 들이마신 후에 물속으로 들어가는 것이다. 마지막으로 회복 호흡은 20m이든 30m이든 자신이 원하는 깊이까지 다이빙하고 돌아와서 수면 밖으로 나온 직후에 실시해야 한다. 몸속에 부족해진 산소의 양을 최대한 빨리 회복시켜 줘야 하는데 회복 호흡을 충분히 그리고 적절히 해 주지 않으면 LMC(일시적 운동장애)나 BO(기절)가 발생할 수도 있으니 주의를 기울여서 진행해야 한다. 방법은 입을 크게 벌려 크고 빠르게 숨을 들이마신 후 0.5초 정도 잠시 머금고 다시 숨을 내뱉은 후, 같은 방식으로 3회에서 자신이 편해질 때까지 반복하면 된다. 그리고 버디를 향해 "I'm OK."라고 사인을 보내 주면 다이빙은 안전하게 1회가 끝나게 된다. 그러나 버디는 OK 사인을 받은 후에도 다이빙에서 돌아온 버디를 30초 정도 더 주의 깊게 지켜봐야 한다. 자신의 한계까지 다녀온 다이버라면 OK 사인 직후에도 BO나 LMC[22]를 겪을 확률이 있기 때문이다.

준비 호흡 - 최종 호흡법을 통해, 프리다이버는 보통 사람이 상상할 수도 없는 시간까지 숨을 참을 수 있게 된다. 초보자들은 처음에 숨 참기를 1분 정도부터 시작하다가 훈련을 반복하면서 어느 정도까지는 기록이 빠르게 늘어나는 경험을 하게 된다. 이때가 프리다이빙을 배우면서 가장 재미있는 시기이기도 하다.

호흡의 숨겨진 무기, 비장 그리고 초과 호흡

숨을 오래 참을 수 있는 또 하나의 비밀은 1장에서 언급한 MDR(포유류 잠수반응)이다. 비장이 활성화되어 적혈구에 녹아 있는 산소를 온몸에 공급하고, 혈액이 빠르게 흐름으로써 체내에서 산소를 효율적으로 사용할 수 있도록 하는 데 있다. 호흡법을 적절히 익히고 자주 물

----

22) LMC(Loss of motor control): 다이빙 직후 산소 부족으로 인해 일시적으로 겪는 운동제어능력장애. 부르르 떤다고 '삼바'라고도 불린다.

속에 들어가 MDR 반응을 빠르고 극적으로 일으킬 수 있다면 자신의 호흡 최고 기록은 스스로 놀랄 만큼 높아질 것이라고 확신한다.

끝으로 언급할 호흡은 바로 초과 호흡[23]이다. 이것은 평소에는 하면 안 되는 위험한 호흡법이다. 위에서 언급했던 준비 호흡을 너무 길게 하면 말 그대로 초과 호흡이 된다. 이는 상당한 위험을 초래할 수 있다. 왜냐하면, 체내의 이산화탄소 농도가 너무 낮아지면서 숨을 참고 다이빙할 때 호흡 충동이 매우 늦게 나타나게 된다. 체내의 산소가 거의 다 소비되었는데도 숨 쉬고 싶은 욕구가 생기지 않다가 한계 지점에 이르면 극적인 호흡 충동이 오지 않았는데도 갑자기 물속에서 기절할 수가 있다. 이렇게 예상치 못한 상황에서 위험이 발생할 수 있다.

따라서 준비 호흡을 할 때는 초과 호흡이 이뤄지지 않도록 평소 다이빙 시 자신만의 사이클을 익혀 두는 것이 중요하다. 워밍업 다이빙을 통해 어느 정도의 호흡 시간과 횟수가 본인에게 적당한지 조금씩 몸으로 익혀 간다면 취미 활동으로서 안전한 프리다이빙을 즐길 수 있을 것이다.

....

23) 오랫동안 너무 빠르게 숨을 들이마시고 내쉬거나 지나치게 긴 시간 동안 준비 호흡하는 경우에 발생한다.

3

바다 트레이닝

바다가 우리에게 선사하는 것들

따스한 햇볕이 쏟아지는 해변에 웅크리고 앉아 수평선을 바라보고 있노라면 마음이 편안해진다. 해 저물녘 파도의 비늘은 밝은 빛을 잘게 부숴서 품고 다음 순간 검푸른 빛을 더한다. 공기는 파도의 포말을 육지로 쉴 새 없이 실어 나른다. 코끝에 살랑거리며 스치는 바람은 바다에서 불어온 습한 공기의 짠 내음을 전달해 준다.

가을 바닷속 큰 바위 근처에는 알이 꽉 찬 보라성게가 가시를 세우고 있고, 1월 겨울이 되면 피문어가 거대한 모습을 드러낸다. 봄이 오는 3월부터 참소라는 살집에 탄력이 생겨서 제철을 맞이한다. 여름에는 바위틈 사이에서 새끼 우럭들이 덩치를 키운다. 이 모든 생명을 품

프리다이빙 산책

고 있는 바다의 의젓한 모습은 멀리서 바라보는 것만으로도 내게 큰 위로가 된다.

겨울 바다를 찾는 많은 사람 중 십중팔구는 왠지 공허하고, 무엇을 해 봐도 외롭기만 한 마음을 달래고 싶은 사람들일 것이다. 이렇게 바다를 멀리서만 좋아하다가 프리다이빙을 시작하고 바닷속 깊이 뛰어들게 되면 신기한 경험을 하게 된다. 바다의 속살을 느끼면서 어느 순간 자신도 그 일부가 되는 것이다. 매번 자신의 한계까지 깊이 잠수해서 바다의 밑바닥에 참았던 숨결을 불어넣고 올라온다. 마치 언젠가 물속에서 숨을 쉬고 살았던 경험이 많았던 것처럼.

〈울릉도 코끼리바위〉 울릉도의 겨울 바다는 파랑이다. 단순한 파랑이 아닌 시리도록 짙고 푸르고 맑다. 프리다이빙할 때는 어디까지가 바다의 경계이고 어디부터가 하늘의 시작인지 구분하기 힘들다.

바다에서 시행하는 프리다이빙 종목

프리다이빙은 9개의 종목으로 이루어져 있는데, 이 중 6종목이 바다에서 이루어진다. 우선 실내 수영장에서 훈련하고 기록을 측정하는 DYN(다이내믹), DNF(노핀다이내믹), STA(숨 참기) 세 종목이 있다. 개방 수역인 바다에서는 CWT(모노핀으로 하강), CWTB(바이핀으로 하강), FIM(줄을 잡고 하강), CNF(노핀으로 하강), VWT(기구를 이용해서 하강, 자신의 힘으로 상승), NLT(기구를 이용해서 하강, 공기주머니의 부력으로 상승)는 종목이 있다. 최근 개정된 정의에 따르면, 모노핀을 사용하는 경우는 CWT로, 양발을 사용하고 바이핀을 신는 경우는 CWTB로 구분한다.

▼ 〈하강 후 상승하는 모습〉 프리다이빙을 배울 때 일반적으로 트레이닝을 받게 되는 종목은 CWTB(일반적인 두 개의 롱핀으로 하강/상승)이다. 덕 다이빙 후 피닝을 하면서 내려가고 올라온다.

프리다이빙 대회를 주관하는 협회에서는 어떤 핀을 신고 경기에 출전하느냐에 따라서 결과가 달라지기 때문에 별도의 표기법이 필요했다. 언급한 종목 중에서 보통 바다에서 훈련하는 종목은 CWT, CWTB, FIM, CNF 네 종목이다. VWT, NLT는 안전상의 문제로 공식 대회 종목에서는 제외되었다. 5m 풀장에서만 훈련하다가 처음 바다로 나온 사람들은 긴장하기 마련이다. 왜냐하면, 바다는 밑바닥이 보이지 않고, 수영장처럼 잔잔하지 않기 때문에 두려움이 엄습하게 된다. K26 잠수풀[24]에서 바닥까지 내려갔다가 온 사람들도 처음에는 바다에서 20m 이상 내려가지 못하는 경우가 많다. 하지만 다행히도 적응하는 데 그리 오랜 시간이 걸리지 않는다.

트레이닝을 하기 전에 중요한 것은 자신이 오늘 어느 정도의 수심에 도전할 것인지, 어떤 방법으로 다이빙을 할 것인지 미리 계획을 세워두는 것이다. 강사에게만 의존해서 다이빙하면 스스로 다이빙 순서를 준비하지 않게 되므로, 다이빙이 끝나면 다 잊어버리기 쉽다. 본인이 어떤 깊이로, 어떤 순서로, 어떤 종류의 다이빙을 할 것인지 미리 계획을 세워 와서 강사나 버디와 상의하면서 다이빙하는 것을 추천한다.

....

24) 경기도 가평에 위치한 아시아 최고 수심을 가진 수영장. 4단계의 계단 형태의 수심으로 이루어져 있고, 최대 깊이는 26m에 달한다.

준비된 당신이여, 이제 바닷속으로

그럼 시작해 보자. 우선 수면에서 MDR을 유도하기 위해 숨 참기를 연습한다. 본격적인 다이빙을 하기 전에 부이[25](buoy: 물속에 띄우는 부표)에 의지해서 1~2분 정도만 숨을 참으며 명상을 해 보면 포유류 잠수반응이 유도되는 것은 물론이고 마음이 차분해지는 효과도 덤으로 얻을 수 있다.

그다음 순서는 워밍업 다이빙이다. 줄을 잡고 하강하는 FIM 방식으로 적어도 10m 정도의 워밍업 다이빙을 1~2회 진행해 본다. 이때에는 천천히 하강하면서 오늘 자신의 몸 전체를 천천히 스캔해 본다는 마음으로 진행하면 좋다. 첫 호흡 충동은 언제쯤 일어나는지, 이퀄라이징은 잘되는지, 부비강에 통증은 없는지, 바닥에 도착해서 턴을 할 때 생각했던 대로 자연스럽게 되는지, 자신의 중성 부력은 몇 m에 맞춰져 있는지, 호흡 충동(Contraction)은 몇 번 정도 느끼고 올라왔는지 등을 유심히 체크해 본다. 자신의 몸 상태는 스스로가 제일 잘 알지만, 당일 바다에 나가서 갑자기 컨디션이 나빠지거나 긴장감이나 멀미 등으로 상황이 바뀐다면 즉시 강사나 버디에게 상황을 설명하고 휴식을 취하는 것이 좋다.

....

25) 물놀이용 튜브를 프리다이빙의 목적에 맞도록 개조한 형태의 도구. 부이 안에는 하강 줄 등을 보관하여 다이빙 시에 사용한다.

워밍업 다이빙이 성공적으로 끝났다면 랜야드를 준비하고 CWT 혹은 FIM 등 자신이 준비한 수심을 천천히 내려가면서 시도해 보자. 바다 트레이닝의 재미 중의 하나는 자신의 한계를 극복하며 기록을 조금씩 늘려 가는 데 있다. 타인과 경쟁이 아니라 자기 자신과 경쟁하는 종목이 바로 프리다이빙이다. 자신의 능력과 훈련한 범위 내에서 수심을 조금씩 늘려 간다면 바다 트레이닝의 묘미를 제대로 느낄 수 있을 것이다.

여유를 느낀다면 한 발짝만 더

보통은 바다에서 CWT, FIM 연습을 많이 하지만 좀 더 여유가 있는 다이버라면 FRC[26] 다이빙을 연습해 볼 수 있다. 중성 부력을 넘어서는 범위에서는 프리 폴을 연습해 보는 것도 좋고, 노즈클립을 이용해 바닷속에서 눈을 뜨고 다이빙해 보는 것도 신선한 경험이 될 것이다.

많은 사람이 프리 폴(Free fall), 즉 자유 하강을 프리다이빙의 꽃이라고 말하곤 한다. 중성 부력을 넘어서는 구간에서는 아무런 힘을 주지 않아도 몸이 바닷속으로 점점 빠르게 빨려들어 간다. 이때 몸의 무

----

26) FRC(Functional Residual Capacity 기능적 잔기량) 다이빙: 숨을 최대한 들이마신 상태에서 자연스럽게 절반 정도 공기를 빼고 하강하는 것.

게는 깃털처럼 가벼워지고 마치 우주에 떠 있는 것처럼 느껴지다가 점점 블랙홀로 빨려들어 가는 것 같은 기분이 든다. 그러다 문득 정신을 차리고 수면을 향해 올라와 상쾌한 공기를 들이마시는 쾌감이란 이루 말할 수 없는 즐거움이다. 그리고 버디의 눈을 보면서 말한다. "I'm OK."라고. 오늘의 트레이닝은 이것으로 성공적으로 마무리된다.

프리다이빙 산책

4

생명을 지켜 줄 안전장치

프리다이빙이 국내에 잘 알려지기 전에 이미 세계를 제패한 바다의 여신이 있었다. 인류 최초로 100m 수심을 다녀온 사람이 프랑스의 자크 마욜이라면, 프리다이빙이 현대 스포츠로 자리매김하고 나서 두각을 나타낸 선수가 바로 '나탈리아 몰차노바(Natalia Molchanova, 1962~2015)'였다.

돌고래의 환생, 나탈리아 몰차노바

그녀는 1962년 5월 러시아에서 태어났다. 어릴 적부터 수영을 배워 선수 생활을 했고 결혼하면서 자연스럽게 은퇴했다. 그러다 두 자녀를 낳고 키운 뒤 무려 20년 만에 복귀했다. 그것도 프리다이빙 선수로 말이다. 또한, 좁은 수영장이 아닌 드넓은 바다로, 화려하게 돌아왔다. 그녀는 참가하는 경기마다 세계신기록을 경신했는데, 2003년에는 두 개의 러시아 국가 신기록을 경신했다. 같은 해 4월에는 DYN 종목에서 150m 세계기록을 갈아 치웠다. 노장의 나이에도 불구하고 그녀의 전성기는 아직 오지 않았다. 2013년에 51세의 나이로 개인 풀 챔피언십에서 3관왕을 달성한다(참고로 프리다이빙의 아버지로 불리는 자크 마욜도 56세에 100m 수심을 최초로 다녀왔으니 프리다이버들은 어째 나이를 거꾸로 먹는 것 같다). 이때 러시아 대통령인 푸틴으로부터 축전을 받게 된다. 이렇게 그녀는 프리다이버로 화려하게 복귀했고 승승장구할 것만 같았다. 어떤 경쟁자도 없었다. 그녀는 한 번에 9분 2초까지 숨을 참을 수 있었고(2020년 현재까지 여자 부문 세계신기록이다), 모노핀 수평 잠영(DYN)으로 무려 273m를 갈 수 있었으며, 노핀으로 바다의 73m까지 내려갈 수 있었다. 그런데 어느 날, 그녀는 실종됐다. 향년 53세였다. 프리다이버들은 충격에 빠졌고 사건의 원인을 조사하기 시작했다.

실수 앞에서 신은 공평하다

따갑지만 건조한 여름 햇살이 강하게 내리쬐던 어느 날 그녀는 스페인의 발레아루스해의 이비사섬이 있는 바다로 떠났다. 이곳은 한국 사람들에게 관광지로 알려져 있다. 그녀는 휴양 및 개인 트레이닝을 위한 전지훈련 장소로 이곳을 선택했다. 지중해에 면해 있으면서 수온도 알맞고, 깨끗해 보였다. 그러나 이곳은 그녀에게 마지막 발자국을 남긴 장소가 되었다.

워밍업을 위해 부이에 하강 줄을 내렸고, 그리 깊지 않은 곳에서 바텀 추가 멈췄다. 평소와 다름없는 다이빙 과정이었다. 시간이 얼마나 지났을까. 버디가 따라 내려갔지만, 그녀는 올라오지 않았고, 한참을 기다려도 다시 떠오르지 않았다. 다급해진 버디가 부이에 줄을 올렸지만, 그녀는 없었고 바텀의 무게 추만 덩그러니 올라왔다. 절망적이었다. 그녀는 정말 전생에 돌고래였다는 전설답게 바다로 돌아간 것일까? 아니면 물속에서 세이렌(Seiren: 그리스 신화에 나오는 바다의 요정)을 따라 산책하러 나간 것일까? 혹은 용왕의 심부름을 받은 거북이를 따라간 것일까? 아직도 그녀의 시신은 발견되지 않았고, 심해 어딘가에서 영원을 보내고 있으리라는 상상밖에는 할 수가 없다.

만약 그녀가 기본에 충실했다면 살아서 돌아왔을 확률이 높았을 것이다. 수심 10m 이상 바다에서 다이빙할 때는 반드시 랜야드[27]를 하고

....
27) 부이에서 내린 하강 줄과 자신의 몸을 묶는 줄, 일종의 안전장치다.

하강해야 한다. 이는 물속에서 불의의 상황을 맞닥뜨렸을 때 기준이 되는 하강 줄을 벗어나지 않게 하려는 목적이다. 수면 위는 잔잔해 보이지만 수심이 내려가면서 갑자기 조류가 발생할 수도 있고, 시야가 너무 탁해져서 본래의 자리로 못 돌아올 수도 있으므로, 반드시 안전 수칙에 따라서 랜야드를 하고 내려갔어야 했다. 하지만 101m 이상을 내려간 기록이 있는 세계 최고의 선수였기에 워밍업 수준의 다이빙을 위한 이곳은 매우 얕은 수심이라고 생각되었던 모양이다. 그녀는 최소한의 안전장치도 하지 않고 내려갔고, 본인도 함께했던 버디도 아무런 경각심이 없었다. 세계 최고의 선수였지만 기본에 충실하지 않아서 사고를 당한 것 같다. 프리다이빙 강사를 하면서 내가 학생들에게 매번 강조하는 것은 안전이다. 10m 수심을 내려가더라도 시야가 좋지 않은 바다에서는 반드시 랜야드를 하고 내려갈 것을 강조한다. 특히 한국 바다는 해외와 달리 10m에서도 시야가 확보되지 않는 경우가 빈번하다.

엄마 찾아 해저 삼만 리, 알렉세이 몰차노브

나탈리아 몰차노바는 전설처럼 바닷속으로 홀연히 사라졌지만, 그녀의 두 자녀 중의 한 명이 성장하여 현재 세계 최고의 프리다이빙 선수가 되었다. 바로 알렉세이 몰차노브다.

▲ 〈랜야드 사용하는 모습〉 랜야드는 생명줄과도 같다. 때때로 불편하게 느껴지기도 하지만,
시야가 좋지 않거나 깊은 바다로 들어갈 때는 필수적인 안전장치다.

그는 엄마의 DNA를 물려받아서인지 물속에서의 능력이 가히 천부적이다. 물속에서 엄마를 잃었기에 트라우마가 존재할 법한데, 그 모든 시련을 극복하고 최고의 프리다이빙 선수가 되었다. 그는 현재 프리다이빙 공식 경기 8종목 중 무려 3종목에서 세계 NO.1 타이틀을 유지하고 있다(2020년 AIDA 공식 홈페이지 기록). 그는 물속에서 8분 33초 동안 숨을 참을 수 있고, 무려 130m(CWT), 125m(FIM), 110m(CWTB)를 잠수해서 내려갈 수 있다. 이 정도 되면 인간인지 물고기인지 분간하기가 어렵다. 그는 무려 14기압의 압력을 견딘다.

사실 자크 마욜에 의해 100m 기록이 깨지고 44년이라는 시간이 지났지만, 여전히 수심 100m 이상은 혹독한 트레이닝을 견뎌 낸 극소수의 인간만이 도달할 수 있는 깊이다. 그런데 그보다 30m나 더 깊이 들어갈 수 있다는 것이 감히 상상조차 되지 않는다. 나탈리아 몰차노바는 스페인의 아름다운 섬에서 바다와 함께 사라졌지만, 그녀의 핏줄인 아들이 이렇게 당당히 프리다이빙 세계에 우뚝 서 있는 모습을 어디선가 지켜보고 있다면 그녀의 마음도 한결 따뜻해지지 않을까? 그녀가 바닷속 깊은 곳 어디선가 편안히 숨 쉬고 있기를 희망해 본다.

5

물속의 위험들 1

프리다이빙은 안전한 스포츠다. 하지만 안전에 대해서는 열 번을 강조해도 부족함이 없을 것이다. 이 수중 활동은 스쿠버다이빙이나 서핑 등 다른 수중 레저 활동과 비교해도 사고나 부상률이 낮은 편이다. 장비를 사용하지 않고 순수하게 자신의 신체 능력으로만 하다 보니 스스로 보수적인 다이빙을 하게 되어 있다. 또한, 장비가 고장 나거나 높은 파도에 휩쓸려서 다치게 되는 2차 부상의 위험도 낮은 편이다. 그런데도 물속의 위험은 항상 존재한다. 어떤 것들이 있는지 살펴보자.

물속의 응급 상황, LMC와 BO

프리다이빙의 기본적인 위험 상황은 LMC(Loss of motor control)와

BO(블랙아웃) 두 가지가 있다. LMC는 '일시적으로 운동 제어력을 상실하는 것'이다. 이는 신체의 산소 레벨이 너무 낮아져서 나타나는 증상으로 자신의 능력 이상으로 숨을 오래 참을 때 발생한다. 이 증상이 나타나면 몸을 부르르 떨면서 정상으로 회복되는 경우가 많아 '삼바'라고도 부른다.

보통 자신의 능력 이상으로 깊은 곳으로 다이빙한 직후나 스테틱 압니어(Static apnea: 숨 참기)를 한 후에 종종 발생하는데, 이것이 발생하면 일시적으로 몸을 가누지 못하거나 의사 표현을 제대로 할 수 없다. 이 경우에는 버디가 다이버의 몸을 지탱해 주거나 2차 부상으로부터 보호해 줘야 한다. 보통 1~3분이면 정상 상태로 회복된다. 이때는 회복 호흡을 좀 더 길게 하면서 체내 혈액의 산소 포화도를 높여 줄 필요가 있다.

BO는 Black out의 약자로 '물속에서 기절하는 것'을 말한다. 물속에서 숨을 오래 참거나 깊은 곳으로 하강한 후, 올라오는 도중에 숨이 모자라거나 수면으로 상승한 직후에 발생한다. 이 경우에도 함께한 버디가 구조를 도와야 한다. 기절한 다이버에게 적절히 후속 조치를 해 주지 않으면 더욱 위험한 상황에 빠질 수 있으므로 매우 조심해야 한다. 물속에서 기절한 다이버를 즉시 물 밖으로 끌어 올린 후 마스크와 웨이트 등을 벗긴 후 숨을 쉬도록 유도한다. 그래도 안 되면 인공호흡 등 후속 조치를 하면서 도움을 요청한다. 보통은 기절 직후에 물 밖으로 나와서 깨어나게 유도하면 정신을 차리는 경우가 많다.

사고는 원칙을 어기는 데서 비롯된다

여러분이 프리다이버라면 위의 두 가지 사항을 이미 이론 시간에 배웠을 것이다. 또는 이제부터 시작하는 단계라면 앞으로 프리다이빙 강의 시간에 꼭 접하게 될 것이다. 물속에서 기절한다니? 생각해 보면 조금 무섭기도 하다. 하지만 실제로 물속에서 기절하는 경우는 드문 일이므로 걱정은 내려놓아도 좋다.

그 이유는, 초보 다이버일수록 자신의 한계 수준에 이르는 다이빙은 하지 않으려 하기 때문이다. 호흡 충동이 와도 좀 더 참을 수는 있지만, 일반적인 초보자들은 이 충동이 오기 전에 숨 참기를 멈추는 경우가 대부분이다. 수심 10m, 20m 정도까지 레크리에이션 수준의 다이빙을 즐기는 편이다. 사실 일반인이 20m 깊이까지 편안하게 잠수할 수 있다는 것도 얼마나 대단한 일인가? 반면, LMC 증상은 학생을 가르치다 보면 종종 보게 된다. 숨 참기 테스트를 할 때, 자신의 한계를 뛰어넘으려고 조금만 더 참아 보다가 물속에서 올라온 직후에 LMC 증상을 일으키는 경우가 있다. 이럴 때는 기록에 너무 신경 쓰지 말고 자주 다이빙하면서 물속에서의 적응력을 높여 가라고 조언해 준다. LMC나 BO가 발생한 경우에는 당일 다이빙을 중지하여 언제나 안전하게 다이빙을 즐길 수 있도록 권고한다.

LMC는 물 밖에서 일시적으로 운동 제어력을 상실하는 것이라고 하니 그래도 안심이 되는데, BO처럼 물속에서 기절하는 경우는 너무 무섭다고 생각할 수 있다. 사실 위험한 상황이다. 물속에서 기절하는 순간 입이 벌어지고 물이 몸속으로 들어와서 폐에 물이 꽉 들어차서 죽을 것 같다. 과연 사실일까? 인간의 신체는 매우 신비해서 물속에서 기절하는 순간, 입안에 있는 공기만 물 밖으로 내뿜고 기도가 즉시 폐쇄된다. 즉, 더는 물이 체내로 들어가지 않도록 자동으로 잠금장치가 걸리게 된다는 의미다.

LMC가 발생했을 때 버디가 즉시 기절한 다이버를 끌어 올려 구조작업을 진행해 주면 대부분은 그 자리에서 깨어난다. 프리다이빙을 시작할 때 기본 레벨에서부터 이러한 훈련을 받게 된다. 다행스럽게도 BO는 깊은 물속에서 잘 발생하지 않는다. BO가 발생하는 경우는 두 가지인데, 하나는 내려가는 순간보다 숨을 오래 참게 되는 올라오는 구간에서 발생한다. 두 번째는 수면을 10m 미만을 남겨둔 구간에서 일어나는데 이때는 폐의 용량이 50%나 급격히 변화하고 체내의 산

프리다이빙 산책

▲ 〈버디와의 소통〉 자신의 다이빙이 끝난 후에는 회복 호흡을 마치고 반드시 버디에게 "I'm OK." 사인을 줘야 한다. 1회의 다이빙을 무사히 마쳤다는 신호이기도 하고 버디와 소통하는 방법이다.

소 분압도 빠르게 변화한다. 이론적으로는 폐포 내 혈액 산소의 분압이 0.1bar 이하로 떨어지면 기절할 수 있다고 한다. 여러분의 이해를 돕기 위해 표를 준비했으니 한번 살펴보자.

위 도표의 숫자를 보면 앞서 언급한 대로 마지막 10m 구간에서 산소 분압이 급격히 변하는 것을 알 수 있다. 따라서 마지막 10m 구간에서는 여유를 가지고 천천히 상승하는 것이 좋겠다.

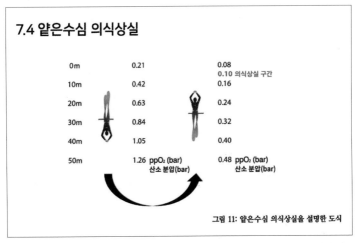

그림 11: 얕은수심 의식상실을 설명한 도식

※ 위 도표는 AIDA3 매뉴얼에서 인용

스스로 숨을 참아야 하는 다이빙을 왜 하느냐고 물어보는 사람들이 종종 있다. 이럴 때면 나는 이런 대답을 한다. "알면 사랑한다."

이 말은 최재천 교수가 통섭[28]이라는 개념을 설명하면서 인용한 글귀다. 프리다이빙을 체험해 보지 않으면 숨을 참고 깊이 들어가는 다이빙의 매력을 알 수가 없을 것이다. 이 또한 경험에 대한 맹신일 수 있고 인간은 자신이 경험한 위주로만 생각하는 경향이 있어 쉽사리 논리적 오류에 빠질 수 있으므로, 프리다이빙이 무작정 재밌는 일이라고 주장하기보다는 한번 체험해 볼 것을 추천하고 싶다. 마라톤을 하는

....

28) 큰 줄기(통)를 잡다(섭), 즉 '서로 다른 것을 한데 묶어 새로운 것을 잡는다'는 의미.

프리다이빙 산책

사람들에게 그것을 왜 하느냐고 물어보면 십중팔구는 달리는 고통 속에서 쾌락을 느낄 수 있다고 말한다. 이는 일종의 중독인데, 가끔 참는 고통은 우리에게 카타르시스를 유발하기도 한다. 사람마다 영역이 다를 뿐이다. 프리다이빙 역시 자신이 잘 아는 한도 내에서 안전하고 재밌게 즐길 수 있는 스포츠다.

물속의 위험들 2

어릴 적에 친구들과 숲속 계곡으로 여행한 경험이 누구나 한 번쯤은 있다. 푹푹 찌던 여름날, 무더위를 달래러 친구들과 함께 계곡으로 향했다. 이름조차 가물가물한 산골의 작은 계곡에서 고기도 구워 먹고 헤엄도 치며 즐거운 한때를 보냈다. 물놀이를 하다 지루해지자 친구들과 물속에 동전을 던져 놓고 주워 오는 시합을 했다. 계곡의 깊은 곳이 2~3m에 불과했는데, 어린 마음에 그곳은 세상에서 가장 깊은 물의 중심처럼 무섭고 깊게 느껴졌다. 다행히도 유년기에 사촌 형들과 저수지에서 헤엄치고 놀았던 경험이 있어서, 물 자체를 그렇게 무서워하지는 않았다. 다만 그 깊이를 내려가려고 하는 순간 고막이 아파지는 것을 느꼈다. 물속의 압력을 느껴 본 것은 그때가 처음이었다.

프리다이빙 산책

이퀄라이징, 프리다이빙의 첫 번째 장벽

프리다이빙을 시작하는 사람들이 처음 경험하게 되는 것이 물속의 압력이다. 2m만 내려가도 곧바로 느껴지는데, 이것은 고막을 짓누르고 통증을 유발한다. 이때 적절한 압력평형 상태를 만들어 주면 귀가 뻥 뚫린 것처럼 압력이 낮아진다. 주의할 점은 이퀄라이징(equalizing: 귀가 막힘을 해결하는 기술, 수중 압력평형)을 할 때 아플 때까지 기다렸다가 하면 안 되고, 귀에 압력이 느껴지기 시작하는 시점에서 자주 해 줘야 한다는 것이다. 특히 초보자의 경우에는 압력평형을 수시로 시행해야 안전한 다이빙을 보장할 수 있다.

그렇다면 신체의 기관 중에서 압력평형을 해 줘야 하는 공간은 어디일까? 바로 고막과 부비강[29] 그리고 마스크다. 압력평형을 시행하는 방법은 크게 발살바, 프렌젤 그리고 더 깊은 수심에서는 행하는 마우스 필이라는 기술이 있다. 프리다이빙을 레크리에이션 수준으로 즐길 때는 보통 프렌젤까지만 잘 되어도 연습을 통해 30m 정도까지 큰 어려움 없이 다이빙할 수 있다. 문제는 압력평형이라는 것이 그리 쉽지 않다는 데 있다.

학생들을 가르치다 보면 압력평형을 배우고 곧바로 잘되는 사람이

....
29) 콧구멍이 인접해 있는 두개골 속 빈 공간.

있고, 여러 번 교육을 받고 풀장에 나와서 연습을 해 봐도 잘 안 되는 경우가 있다. 평소에 쓰지 않던 귀와 기관지, 볼의 근육을 움직이려고 하니 어색한 것이다. 그리고 발살바로 압력평형을 하면서 과도한 힘을 써서, 10m 수심권에 갇히는 경우도 흔하다.

제일 안전한 방법은 귀에 고통이 느껴지기 전에 자주 압력평형을 하고, 더 이상 압력평형이 진행되지 않으면 턴을 해서 올라오는 것이다. 하지만 더 깊은 수심으로 내려가기 위해 욕심을 부리거나, 자격증을 취득할 수 있는 수준에 도달하기 위해 통증이 있는데도 불구하고 참고 하강하는 경우에 문제가 발생한다.

예를 들면 20m 수심에 도달해야 자격증 테스트를 통과할 수 있는데, 매번 18m 이상 내려가지 못하는 다이버가 있다. 해외에서 짧은 시간에 자격증을 이수하려다 보니 귀국하는 날까지 시간은 얼마 안 남았고 어떻게 해서든지 20m 수심을 찍고 싶어서 조금 더 참고 내려갔다. 수면에 오르니 다이빙 컴퓨터[30]에는 20m가 기록되어 있지만, 귀에서 통증이 느껴졌다. 귀국해서 병원에 가니 고막에 천공(작은 구멍)이 생겼다고 한다. 다행히 구멍이 생긴 수준에 불과했지만 조금만 더 내려갔다면 고막이 찢어졌을지도 모른다. 이비인후과 의사 선생님 말씀에 따르면 고막은 신체 기관 중 회복이 잘되는 부위라서 천공이 생기면 짧

....

30) 다이빙용 시계를 컴퓨터라고 부른다. 수심, 수온, 로그 등을 기록한다.

게는 1주, 길게는 한 달 정도면 자연 치유가 되지만 부상의 정도가 심하면 수술을 받아야 할 수도 있다고 한다.

▲ 〈FIM 이퀄라이징 연습〉 5m 수영장에서 발생할 수 있는 위험 중의 하나는 귀에 상처를 입는 것이다. 이퀄라이징이 잘 안 되는 초보자들이 마음이 조급해져서 억지로 내려오다 보면 귀에 크고 작은 상처를 입을 수 있다.

앞서 언급했지만, 프리다이빙을 하는 가장 안전한 방법은 천천히 하강하고 자주 압력평형을 해 주면서 자신의 컨디션에 맞게 다이빙을 하는 것이다. 사실 완전히 초보일 때는 스스로 귀가 아프다고 생각하고 높이를 조절한다. 중급 다이버가 되면 수심에 대한 욕심이 슬슬 생기기 시작하고, 고통이 있어도 조금 더 내려가고 싶은 마음에 부상의 확률이 높아지게 된다. 하지만 한 번 더 기억하자. 수심보다 중요한 것은 부상을 방지하는 것이다!

부비강과 마스크의 압력평형

압력평형이 필요한 두 번째 부위는 부비강이다. 두개골에는 눈 주위와 코 주위에 보이지 않는 공기 공간이 존재하는데 이 공간을 부비강이라고 한다. 수심이 깊어지면 이곳에도 압력이 증가하게 된다. 보통은 압력평형을 할 때 공기가 주입되어 고통을 느끼지 않는다. 하지만 전날 과음을 했거나, 점액이 많은 유제품류인 우유나, 요플레, 셰이크 등을 마시고 다이빙에 하는 경우, 부비강에 큰 압력과 고통을 느끼고 황급히 돌아서 올라오는 경우가 있다. 이 고통조차 참고 내려가는 용감한 다이버가 있는데(보통은 참기가 힘들다) 올라와서 코피를 쏟는 경우도 가끔 볼 수 있다. 그리고서야 다이빙을 중지하게 된다. 프리다이버는 자신의 몸 관리를 철저히 하지 않으면 종종 애로 사항을 겪는다. 몇몇 스쿠버 다이버들이 술을 많이 마시고도 다이빙하고 나면 술이 깬다고 하는데 절대 안전한 방법이 아니다.

마지막으로 언급할 공간은 바로 마스크다. 마스크 안에도 공기가 존재한다. 그래서 프리다이빙을 할 때는 압력의 고통을 피하려고 용적이 적은 마스크를 골라서 사용한다. 물속 깊이 들어갈수록 압력을 많이 받게 되는데 심한 경우, 눈에 모세 혈관이 튀어나와서 안구가 충혈되기도 한다. 이 압착 현상을 피하는 방법은 내려가는 도중에 폐의 공기를 살짝 마스크 안으로 넣어 주는 것이다. 방법은 간단하다. 하강할 때 압력평형을 위해 손으로 잡고 있던 코를 살짝만 놓아 주면 마스크 안으로 폐의 공기가 빨려서 올라간다. 프리다이빙은 공기를 최대한 아껴 써야 하는 스포츠이기 때문에 마스크에 공기를 많이 주입하면 더 깊이 내려갈 공기가 폐에 남지 않게 된다. 이것을 싫어하는 상급자들은 아예 마스크를 쓰지 않고 노즈클립[31]을 이용해서 다이빙하기도 한다.

고막의 부상, 부비강에 생기는 고통, 그리고 마스크의 압착을 느끼지 않고 안전하게 다이빙하는 능력을 키우기 위해서는 다이빙을 자주 경험하는 방법이 최선이다. 다이빙을 자주 하면서 자신이 압력평형을 이루는 데 필요한 공기의 양과 속도를 자연스럽게 조절해 나갈 수 있을 것이다.

....

31) 노즈클립(Nose clip): 코로 물이 들어오는 것을 방지하기 위하여 코에 끼우는 집게.

물속의 위험들 3

지구의 70%를 덮고 있는 바다는 지구에 사는 모든 생명에게 어머니와 같은 존재이다. 하늘의 태양이 아버지라면 바다의 드넓은 품은 엄마로 비유하기에 적당하다. 그리스 로마 신화에서도 하늘의 신은 남성인 우라노스, 땅의 신은 여성인 가이아로 그려졌다. 45억 년 전 지구라는 별이 탄생한 이후 바다에서 최초로 생명체가 탄생하고 이는 다양한 종으로 분화하면서 진화하였다. 과학 기술의 발달로 인간이 바다에서 발견한 종도 수만 가지지만 아직 발견하지 못한 생물이나 개체도 무궁무진할 것이다. 바다는 고대부터 인간에게 아름답고 풍요로움을 선물한 고마운 곳이지만, 한편으로는 폭풍과 바람을 동반한 경외의 대상이기도 했다.

프리다이빙 산책

바다, 존재만으로도 두려운

우리나라는 프리다이빙을 시작하기 좋은 환경을 갖추고 있다. 최근에는 프리다이빙 전문 교육 센터도 생겨나고 있고 전문 강사들도 많아져서 프리다이빙을 배우기 좋아졌다. 또 경기도 가평에 K26이라는 풀장도 생겼다. 이곳은 아시아에서 가장 깊은 수심 26m 환경을 갖추어서 프리다이빙 레벨 2단계까지 연습하고, 자격증을 발급받을 수 있다. 처음 프리다이빙에 도전하는 사람들은 5m 풀장에 가서 먼저 배우고 트레이닝도 할 수 있으니 이만하면 프리다이빙을 시작하기에 최적의 조건을 갖췄다고 할 수 있다. 앞서 말한 대로 프리다이빙 자격증을 발급하는 한 단체에 따르면 2018년도에 우리나라가 세계에서 가장 많은 자격증을 발급했다고 한다. 프리다이빙 인구가 급격히 증가하고 있고, 서울을 비롯한 수도권뿐만 아니라 각 지역에서도 프리다이빙 수요가 늘어나면서 K26 같은 시설이 좀 더 생겨날 가능성이 있다고 본다.

그러나 프리다이빙 실전은 바다에서 이루어진다는 데에 문제가 있다. K26에서 바닥을 찍고 온 다이버도 바다에 나와서는 20m도 못 내려가는 경우를 종종 본다. 바다에서 겪는 첫 번째 두려움은 바닥이 보이지 않는다는 것이다. 인간의 두려움은 상상 속에서 커지게 마련인데, 보이지 않는 경우는 그 느낌이 더욱 증폭된다. 처음 가 보는 길이나, 밤길이 무서운 이유는 익숙한 풍경이 아니라서 그렇다. 이러한 두려움 때문에 바다에서 패닉 상태에 빠지게 되면 매우 위험하다. 그러므로 풀장에서 배운 대로 강사의 지도에 차분하게 따르면 바다에서의 첫 다이빙을 안전하게 마칠 수 있다. 바닥이 깊어서 보이지 않아도 수심이 5m이든 50m이든 물속에 떠 있다는 사실은 변함이 없다. 게다가 바다는 소금기 덕분에 부력이 있으니 물에 좀 더 잘 뜰 수 있다는 점을 고려하면 여유가 생긴다.

바다에서 마주치고 싶지 않은 불청객

바다에서 겪는 두 번째 두려움은 바다의 생명체들이다. 프리다이빙 이론 시간에 배웠겠지만 바다 생물은 절대 접촉하지 않는 것이 좋다. 그것이 바다 생물과 인간 모두에게 이롭다. 한국의 바다나 따뜻한 해외 바다에서 조심해야 할 것은 젤리피쉬(해파리)다. 이들은 눈에 보이지도 않을뿐더러 피부를 할퀴고 지나갈 때는 즉시 따끔하고 말지만, 그날 밤부터 2주 정도는 가려움 때문에 고생하게 된다. 해파리에게 계속 쏘이면 면역성이 생기기도 하지만, 원주민이 아닌 다음에야 일반 사람이 면역력까지 갖추기는 쉽지 않다.

이를 예방하기 위한 제일 좋은 방법은 슈트를 입고 다이빙을 하는 것이다. 따뜻한 바다에서 슈트를 입기가 좀 갑갑하게 느껴진다면 래시가드나 장갑을 착용하고 다이빙하기를 권한다. 따뜻한 동남아 바다는 눈에 넣어도 아프지 않을 만큼 아름답지만, 해파리가 많다는 사실을 항상 기억해야 한다. 만약 예쁜 사진을 찍고 싶다면, 어느 정도 희생을 감수해야 한다. 비키니를 입고 물속을 유영하는 아름다운 사진을 누구나 한 번쯤은 봤을 텐데, 촬영 후 온몸이 해파리에게 쏘여서 만신창이가 되는 경우를 종종 보게 된다. 물론 따뜻한 물이라도 해파리가 없거나 적을 때도 있다. 예를 들면 코스타리카나 콜롬비아, 갈라파고스의 바다가 그런 편이다.

남미의 바다에서 다이빙할 때는 다양한 종류의 상어를 자주 볼 수 있다. 몇 년 전 멕시코 아래에 있는 벨리즈라는 작은 나라에 다녀온 적이 있다. 가까운 연안에서 여가도 즐길 겸 스쿠버다이빙을 한번 했는데, 한 장소에서 무려 3종류의 상어를 보았다. 그중 갈색빛을 띠고 작은 수염이 나 있던 한 상어는 호기심이 많은지 다이빙을 하는 내내 나의 주위를 빙글빙글 돌아다녔다. 〈죠스〉라는 영화 때문에 상어를 매우 공격성이 강한 무서운 동물로 인식하지만 사실 백상아리처럼 위험한 몇몇 종을 제외하면 99%는 온순한 녀석들이다. 일반적인 상어는 사람을 공격하지 않는다.

〈산호바다에서 다이빙〉 바닷속은 매우 아름다운 곳이지만 많은 위험도 도사리고 있다. 해양 생물은 눈으로만 즐기고 만지지 않는 것이 좋다.

최근 우리나라 바다도 수온이 높아지면서 해안 가까운 곳에서 상어가 출몰했다는 소식이 간간이 들려온다. 안전 불감증에 빠지는 것은 경계할 일이지만, 너무 공포에 질릴 필요까지는 없다. 우리나라 해안에 자주 출몰하는 상어가 어떤 종류인지는 좀 더 구체적으로 파악할 필요가 있다.

물속에 도사리는 위험은 더 있다. 그것은 바로 바다뱀이나 맹독성을 가진 푸른 무늬 문어다. 보통은 인간이 접촉하지 않으면 지나가고 말지만, 신기하다고 따라가거나 만지면 문제가 심각해진다. 이들에게 물리거나 피부에 직접 촉수가 닿으면 독이 온몸에 퍼져서 심하면 사망에 이를 수 있으니 모르는 생물은 절대 만지지 않는 것이 좋겠다. 기본적으로 모든 동물은 가까이 다가가는 순간 방어 본능으로 공격을 하는 것이니, 이를 잘 이해하고 눈으로만 즐기면서 다가가지 않으면 서로 행복한 시간을 보낼 수 있다. 바닷속은 신비하고 아름답지만, 위험 요소는 항상 도사리고 있다는 것을 이해하면서 안전하게 프리다이빙을 즐길 수 있기 바란다.

스트레칭

뾰족한 야자수 잎사귀 너머로 보이는 세부의 하늘이 새파랗다. 푸른 도화지에 솜을 찢어 걸어 놓은 듯한 뭉게구름이 수채화의 배경처럼 자리를 지키고 있다. 앞쪽으로 드러누운 아담한 수영장과 그 주위를 지키는 몇 그루의 열대 나무들이 풍경 속의 주인공이다. 흰색 게코도마뱀 한 마리가 벽에서 천장으로 살짝 몸을 움직인 뒤 다시 은신술을 펼치고 있다. 커튼을 젖히면 저항할 겨를도 없이 순식간에 방 안에 퍼지는 햇살처럼 평화로운 아침이다. 맑고 깨끗한 공기를 내 몸 가득히 밀어 넣고 싶은 마음에 크게 복식 호흡을 해 본다. 흐으흡 하, 흐으흡.

▲ 〈야자수 그늘〉 푸른 하늘 아래 야자수 그늘을 지붕 삼아 스트레칭을 하는 경험은 신선한 활력을 준다. 다이빙하러 나가기 직전에는 더욱 그러한데 아침의 몸 풀기 컨디션으로 하루의 결과를 예측할 수 있다.

스트레칭, 모든 운동에서 기본 중의 으뜸

프리다이버에게 스트레칭은 필수적인 운동이다. 물속에 들어가기 전에 긴장을 풀어 줌과 동시에 몸을 이완시켜서 MDR(포유류 다이빙 반사)을 잘 유도할 수 있도록 도와준다. 다이버의 스트레칭 동작은 일반적인 준비운동과 명상, 그리고 폐를 스트레칭하는 방법인 풀렁[32], 엠티렁[33] 등의 방법으로 나눌 수 있다. 모두가 다이빙 실력을 향상하기 위해 트레이닝에서 꼭 필요한 요소들이다.

명상은 일반적인 명상과 크게 다르지 않다. 주변이 안정된 상태에서 조용한 음악을 틀어 놓고 눈을 지그시 감고 정신을 코끝에 집중한다. 정신이 흐트러지지 않고 잘 집중이 된다면 이때 바닷속 환경을 상상해 보는 것도 좋다. 부이 위에서 느끼는 해풍의 부드러움, 하강 줄을 응시하며 물속에 들어갔을 때 몸을 어루만지는 조류의 흐름, 조금 더 깊이 들어갔을 때 느끼는 어둡고 축축한 느낌을 상상하면서 바다 일부가 되어 보는 연습을 물 밖에서 해 보는 것이다. 이것만 잘되어도 다이버가 수중에서 깊이에 대한 두려움으로 턴을 반복하는 일을 줄일 수 있다. 스트레칭과 병행할 때는 5분에서 10분 정도의 명상으로도 충분히 그

....

32) 폐 속에 공기를 최대한 채우고 스트레칭 동작을 하는 것.
33) 폐 속에 공기를 최대한 비우고 스트레칭 동작을 하는 것.

진가를 발휘할 수 있다. 명상은 정신적 이완을 위한 스트레칭이며 최소한 1분 이상은 해야 하는 것을 잊지 말자.

▲ 〈야외 스트레칭〉 스트레칭을 할 시간과 장소가 마땅치 않을 경우가 많다. 이럴 때는 바다 앞에서 간단하게라도 몸을 풀고 들어가는 것이 좋다.

풀렁(Full lung) 스트레칭은 몸속에 공기를 가득 채우고 긴장을 풀어 주는 작업이다. 연습이 부족한 다이버나 일반인들에게는 숨을 가득 들이마시는 것이 어색할 수도 있다. 일단은 복식 호흡이 잘 돼야 한다. 바닥에 누워 공기를 마셔서 배가 부풀어 오르도록 하고 가슴까지 공기를 가득 채운다. 그리고 나서 공기를 목구멍 끝까지 채워 넣은 후에 입을 닫는다. 이때 주의할 점은 꼭 눈을 뜨고 해야 한다는 것이다. 그리

프리다이빙 산책

고 풀렁 상태에서 스트레칭을 할 때는 어지러움이나 현기증이 동반될 수 있고, 실제로 어지럼증을 호소하며 넘어지는 사람들도 있으므로 반드시 주위의 사물을 정돈하고 넓은 공간에서 진행하는 것이 좋다.

풀렁 상태에서는 여러 가지 동작을 응용할 수 있는데 첫째, 앉은 상태에서 숨을 가득 마시면서 두 팔을 하늘로 쭉 뻗친다. 이때 오른 손바닥으로 왼손 등을 감싸 유선형 자세를 만든 뒤 45초 정도 호흡을 참아본다. 호흡에 여유가 있는 다이버는 좌우로 허리를 꺾어서 갈비뼈 사이의 근육을 동시에 이완시켜 준다. 초보 다이버들은 위 동작을 2번에 나눠서 하면 된다. 둘째, 앉은 상태에서 숨을 고른 뒤 다시 풀렁 상태를 만든다. 상체를 왼쪽으로 최대한 꼬아서 45초 정도 버티고 제자리로 돌아와서 회복 호흡을 한다. 오른쪽으로도 동일하게 진행한다. 셋째, 풀렁 상태를 만든 뒤 손바닥을 허리 뒤쪽으로 가져가 손가락이 정면을 보도록 한 뒤 가슴을 최대한 내밀어 준다. 호흡에 여유가 있다면 45초 이상 참고 제자리로 돌아와서 회복 호흡을 진행한다. 이 외에도 두 팔을 접어서 어깨높이로 올려서 갈비와 어깨 사이의 공간을 뻗는 동작, 풀렁 상태에서 몸통을 좌우, 위아래로 한 바퀴 돌려서 폐활량을 늘리는 동작으로 응용할 수 있다. 하나씩 적용해 보면서 자신에게 맞는 방법을 찾아보는 것이 중요하다.

엠티렁(Empty lung)은 풀렁과 반대의 개념인데 깊은 수심에 도전하

▲ 〈풀렁 스트레칭〉 중급자 이상의 다이버가 되면 폐의 잔기량(RV)를 낮추기 위해서 폐 스트레칭을 하게 된다. 일반적인 스트레칭보다 난이도가 높은 편이므로 최대한 집중해서 하는 것이 좋다.

기 위해 트레이닝을 하는 마스터 이상의 다이버들에게 꼭 필요한 운동이다. 숨을 최대한 내뱉은 후 자신의 두 손을 이용해서 복부와 갈비뼈 하단 사이의 공간을 마사지하면 폐와 내부 장기들의 이완을 도울 수 있다. 30m 이상 깊은 수심을 탈 때 폐와 복부가 답답해지는 것을 느끼게 되는데, 평소 훈련을 하면서 이때 느끼는 압박감에 익숙해질 수 있다. 풀렁이 폐활량을 늘리는 훈련이라면 엠티렁은 잔기량[34](RV, Residual volume)을 줄이려는 훈련이다. 일반인들의 평균 잔기량이 25%라고

....

34) 공기를 최대한 내뱉은 상태. 숨을 최대한 내뱉은 상태에서도 폐에는 약 25% 정도의 공기가 남는다.

하면 이를 1%씩만 줄여 줘도 폐 압착에 대한 부상의 확률을 줄여 가며 더 깊이 다이빙을 즐길 수 있다. 프리다이빙 전문가들은 잔기량을 조금이라도 더 줄이기 위해서 스트레칭 운동을 반복해서 하고 있다.

마지막으로 마스터 이상의 다이버들은 폐 스트레칭을 할 때 패킹과 리버스 패킹을 하는 경우가 있는데 프리다이빙 교육기관마다 조금씩 차이를 보이나 일반적으로 3회를 추천하며 최대 7회 이상은 지양하는 것이 좋다. 과호흡이나 무리한 잔기량의 감소는 심장박동 수를 늘리고 신체로 보내는 산소의 공급량을 급격히 줄여 다이빙 시간 자체를 감소시킨다. 심한 경우, 블랙아웃을 유발할 수 있다. 자신에게 맞는 적절한 강도의 스트레칭에서 시작해서 한 단계씩 레벨을 올리는 방법을 전문가의 상담을 통해서 조언받을 수 있다.

9

프리다이빙을 위한 필수 장비

산호에 숨어 사는 작은 물고기부터 상어에 이르기까지 덩치가 크든 작든 물고기들은 바닷속에서 잘 적응하며 살고 있다. 물 밖으로 숨을 쉬러 나올 필요도 없고, 물속에서도 눈을 떠서 사물을 식별하고, 아가미로 호흡하며 숨을 쉴 수 있다. 펠리컨이나 가마우지 등의 조류들은 물속에서 살지는 않지만, 순간적으로 잠수해서 물고기를 사냥하는 능력을 갖추고 있다. 날개가 퇴화하고 뒤뚱거리면서 사람처럼 걷는 조류인 펭귄도 물고기 사냥의 달인이다. 인간처럼 새끼를 낳아 기르는 포유류인 바다사자나 고래들도 특별한 장비 없이 물속에서 잘 적응하면서 살아간다.

퇴화한 인간의 능력을 보강해 줄 소중한 장비

수억 년 동안 진화하며 육지 생활에 적응해 온 인간 역시 이들과 같은 포유류지만 물속에서의 능력은 대부분 퇴화해 버렸다. 그래서 특별한 장비 없이는 물속에서 숨을 쉴 수 없고 눈을 뜨더라도 사물을 정확하게 식별하기 힘들며 맨손으로는 사냥에 성공하기도 힘들다. 그러므로 물속에서 뭔가를 채집하거나 바닷속을 구경할 때 자신의 능력보다 오래 머물기 위해서는 최소한의 장비가 필요하다. 물속에서 살아가는 동물들에 비해 부족한 능력을 인간은 장비로 대체해야 한다는 것이다. 다만 프리다이빙은 접해 본 적이 없어서 어떤 장비가 필요한지 느낌이 오지 않는다.

프리다이빙을 시작하기 위해서 꼭 필요한 장비들에는 무엇이 있을까? 마스크, 스노클, 그리고 핀이다. 물에 대한 공포심만 없다면 이 세 가지 장비만으로도 체력이 허락하는 한 몇 시간 동안이라도 잠수와 회복을 반복할 수 있다. 다만 따뜻하고 얕은 물에서 즐기는 스킨다이빙이 아니라면 전문적인 장비가 좀 더 필요하고 수온이나 수심에 따라서도 안전장치가 더 필요하다. 자신의 능력이나 다이빙 단계에 맞는 장비들이 있다면 좀 더 안전하게 즐길 수 있을 것이다. 어떤 장비들이 필요한지 본격적으로 살펴보자.

◀ 〈다양한 마스크 종류〉 프리다이빙용 마스크와 컴퓨터. 물속에서 시야는 마스크를 통해서 확보하고, 수심과 수온, 시간, GPS 등은 다이빙 컴퓨터를 통해 확인 할 수 있다. 이제 입문하는 초보자들은 전문가와의 상담을 통해 자신에게 필요한 장비를 구매할 것을 추천한다.

프리다이빙 입문자에게 필요한 장비들

· 마스크: 물속 시야 확보를 위해서 꼭 필요하다.

· 스노클: 얼굴을 수면에 담근 상태로 숨대롱을 통해서 숨을 쉴 수 있다.

· 핀(오리발): 물속에서 추진력을 가지고 잠수하거나, 나가는 데 필요하다.

· 슈트: 수온에 맞는 슈트는 체온을 유지하여 다이빙하는 데 도움을 준다. 또 해양 생물로부터 자신의 몸을 보호하는데도 꼭 필요하다.

· 컴퓨터: 다이빙용 시계다, 수심, 수온, 시간, 다이빙 횟수, 다이빙 상승 · 하강 그래프, GPS, 스톱워치, 심장박동 수 등 다양한 기능을 제공한다. 자신의 다이빙 로그를 보면서 분석할 수 있다는 장점이

있다. 보통 100m 이상의 수심까지 방수가 되며 최근에는 스마트폰과 연결하여 사용할 수 있는 제품들이 많이 출시되고 있다.

· 납(웨이트): 슈트는 부력이 강해서 프리다이빙을 할 때 슈트를 입고 하려면 웨이트를 매야 한다. 웨이트의 무게는 슈트 1㎜ 두께당 1kg을 생각하면 된다. 예를 들어서 3㎜ 슈트를 입는다면 3kg의 웨이트를 매고 들어가면 적당하다. 보통은 10m 정도에서 중성 부력이 나온다. 해루질하려는 목적으로 아주 얕은 물에서 2~5m 정도만 들어간다면 웨이트를 1~2kg 정도 더 차는 게 좋다. 목에 착용하는 무게추는 넥 웨이트라고 부른다.

· 실리콘 벨트: 웨이트를 끼워 넣어서 착용하는 벨트

· 장갑: 해파리나 해양에서 뾰족한 가시나 독성이 있는 해양 생물로부터 손을 보호해 준다. 수온이 낮을 때 체온을 유지하기 위해 필수적인 도구

· 네오프렌 양말: 수온에 따라서 3~5㎜ 정도의 삭스가 적당하다. 맨발에 핀을 신으면 뒤꿈치가 쓸려서 껍질이 벗겨지고 아프다. 숏삭스와 롱삭스가 있다.

· 랜야드: 바다에서 시야가 흐린 수심 이하로 내려갈 때나 10m 이상 다이빙을 할 때는 안전을 위해서 반드시 착용해야 한다. 손목이나 발목 그리고 허리에 매고 나머지 한쪽은 부이의 하강 줄에 연결하는 실종 방지를 위한 최소한의 안전장치.

· 가방: 위 모든 장비들을 넣어서 다닐 수 있는 수납용 가방이다. 용도에 따라서 크기나 방수 여부를 결정하여 사용하면 된다.

프리다이빙 중급자에서 상급자까지 써 볼 수 있는 장비들

· 노즈클립: 깊은 수심에서 다이빙할 때 마스크의 압착을 피하고자 사용한다. 손을 사용하지 않고도 이퀄라이징을 할 수 있는 장점이 있지만, 마스크를 벗고 물속에서 눈을 떠야 하는 단점이 있다. 쓰다 보면 익숙해진다.

· 누들: 물 밖에서 준비 호흡을 하고 싶은 사람들은 스티로폼 재질의 긴 수수깡 같은 것으로 부력 봉을 만든다. 해외에서 트레이닝을 할 때나 프리다이빙 대회 영상에서 자주 볼 수 있다. 재료가 있다면 직접 만들어서 사용할 수 있다.

· 헥토미터: 플루이드 고글처럼 안에 물을 채워 넣지 않고도 사용할 수 있는 마스크이다. 수영용 물안경처럼 생겼지만, 자체 압력 조절 장치가 있어서 시중에 홍보할 때는 압착 없이 100m도 잠수할 수 있다고 선전하는 경우를 볼 수 있다.

· 플루이드 고글: 고글 안에 물을 넣고 사용한다. 물속에서는 잘 보이지만 물 밖에 나오면 안 보이기 때문에 다이빙할 때마다 채워 넣어야 하는 번거로움이 있다. 장점은 마스크 압착을 느끼지 않고 다

이빙할 수 있다는 점이다.

· 부이: 튜브처럼 생겼는데 사면에 손잡이가 있고 내부에 공간이 있어서 하강 줄을 필요한 길이만큼 묶어서 다닌다. 주로 강사들이 가지고 다니면서 교육용으로 사용한다. 학생들도 버디가 있다면 부이를 활용하여 서로 도와주면서 연습할 수도 있다.

· 모노핀: 물고기의 꼬리처럼 생긴 크고 넓직한 오리발, 양발을 동시에 넣어서 몸 전체를 유선형으로 움직이면서 추진력을 얻을 수 있는 핀

▼ 〈양발을 동시에 사용하는 모노핀〉 모노핀(Monofin)은 바이핀(Bifin)과 달리 양발을 동시에 넣어서 온몸을 이용하여 추진력을 얻을 수 있는 핀이다. 바이핀에 비해서 불편한 점이 있지만 익숙해지면 더욱 빠른 속도로 이동할 수 있다. (출처: 게티이미지)

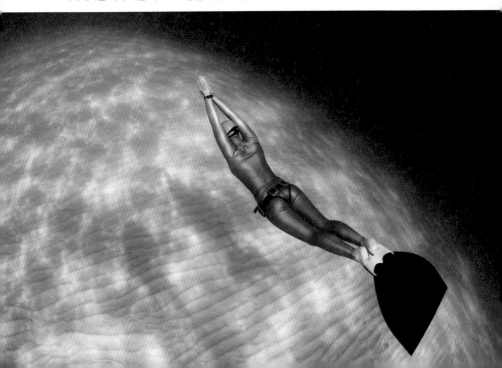

10

핀(오리발)의 종류와 선택법

오리가 물속에서 헤엄을 잘 치는 이유는 무엇일까? 물 밖에서는 뒤뚱뒤뚱 우스꽝스럽게 걸어 아이들의 사랑을 독차지하지만, 물속에서는 날쌘 제비처럼 재빠르다. 강이나 호수에서 새끼 오리들을 거느리고 떼를 지어 유유히 산책하는가 하면, 미꾸라지나 작은 물고기들을 사냥할 때는 순간적으로 빠르게 움직여서 목표물을 입에 물고 나온다. 그 비밀은 바로 오리발 사이의 물갈퀴에 있다. 물속에서 절반을 생활하는 조류답게 날개가 퇴화하여 날 수 없게 되었지만, 대신에 발가락 사이에 있는 물갈퀴가 잘 발달했다. 유사 조류인 닭과 달리, 오리발에만 존재하는 얇고 두툼한 물갈퀴는 물을 내젓는 데 큰 효과를 발휘한다.

프리다이빙에서 핀(오리발)의 중요성은 두말할 나위가 없다

여기서 영감을 얻어서 만들어진 것이 우리가 수영할 때 착용하는 '오리발'이다. 오리발은 종류에 따라 쇼트 핀, 롱 핀으로 구분할 수 있고, 풋 포켓의 성격에 따라 오픈힐(Open-heel)[35]과 풀풋(Full-foot)[36]으로 구분할 수 있다. 전자는 말 그대로 길이에 따라 구분한 것이고, 후자는 발 사이즈에 상관없이 신을 수 있는 스트랩이 있느냐 아니면 자신의 발 사이즈에 꼭 맞는 풀 포켓이냐에 따라 구분한 것이다.

프리다이버용 오리발은 보편적으로 '핀(Fin)'이라고 부른다. Fin은 물고기의 지느러미를 의미하는데, 아마 지느러미의 모양이 길고 물고기가 부드럽게 헤엄칠 수 있도록 해 주는 데에서 유래된 것이 아닐까 싶다. 프리다이빙용 핀의 특징은 일단 길다는 것이다. 그래서 이것을 처음에 신으면 적응하기 힘들다. 길이가 무려 80~100㎝에 이른다. 그러나 일단 적응하고 나면 한 번의 발차기로도 멀고 깊게 나아갈 수 있으므로, 몸에 있는 산소를 아껴 쓸 수 있다. 어쩌면 인간의 발에 인공의 오리발을 장착한 셈이다.

....

35) 일반적으로 스쿠버 다이버들이 신는 오리발. 스트랩 형태로 크기를 조절할 수 있어서 모든 사이즈의 발 크기에 맞춰서 신을 수 있다.

36) 자신의 발에 꼭 맞는 풋 포켓 사이즈를 가지고 있다. 발차기의 효율이 중요한 프리다이버들이 일반적으로 사용하는 핀의 형태.

풋 포켓의 종류도 다양한데 일반적으로는 파토스 풋 포켓과 S-Wing을 가장 많이 사용한다. 최근에는 제조사마다 자신의 브랜드를 달고 특별한 디자인으로 고안·제작하는 경우가 많으므로, 전문가의 조언이나 인터넷 검색을 거쳐 실제 사용 후기를 잘 살펴보고 디자인이나 성능에 맞게 고르는 게 좋겠다. 무엇보다도 가장 좋은 방법은 가까운 다이빙 센터에서 교육을 받으면서 이것저것 빌려서 신어 본 뒤 자신에게 잘 맞고, 예쁜 풋 포켓을 구매하는 것이다. 인터넷으로 사면 발 치수가 맞지 않아, 반품하거나 중고로 되팔아야 할 수도 있다. 핀을 고를 때 시간과 돈을 아끼는 방법은 직접 경험해 보는 것이다.

다양한 핀의 종류

이제 핀을 만드는 재료에 따라서 구분해 보자. 플라스틱 핀, 합성카본(유리섬유), 그리고 카본 핀 등 세 가지로 구분된다. 가격은 뒤로 갈수록 비싸진다. 낚싯대를 한 번이라도 구매해 본 사람들은 100% 카본으로 된 낚싯대가 얼마나 가볍고 탄력이 좋은지 잘 알 것이다. 카본 핀의 유일한 단점은 아주 비싸다는 것이다. 플라스틱 핀은 10만 원대면 구매할 수 있고, 합성카본 핀은 30~40만 원대, 순수 카본 블레이드로 만들어진 핀은 50~100만 원대에 구매할 수 있다. 가격 차이가 최대 10

배에 이른다. 모든 장비가 그렇긴 하지만 결국에는 높은 사양을 사용하게 되는 경향이 있어서 오래 즐길 취미라고 생각하면 처음 구매할 때부터 카본 핀을 사는 것을 추천한다.

카본 핀은 강도에 따라 소프트, 미디엄, 하드로 구분되는데 여성은 소프트, 남성은 미디엄이나 하드 둘 중에서 선택하면 된다. 같은 카본 핀인데 왜 이렇게 가격 차이가 나는지 궁금할 것이다. 같은 차라도 브랜드에 따라서 가격이 천차만별이듯이 카본 핀도 마찬가지다. 수입해 오는 유명한 제품이 있고, 국내에서 생산하는 제품들이 있다. 최근에는 국내에서 만든 제품도 가성비가 뛰어난 편이라 자신의 주머니 사정에 맞게 잘 고르려면 발품을 조금 팔아야 한다.

또 만드는 방식에 따라 인퓨저, 인퓨저 진공 압축, 오토클레이브 방식의 공법 등으로 나뉜다. 같은 카본 핀이라고 해도 공법의 차이나 몇 단계로 카본 원단을 적층하여 블레이드를 완성하느냐에 따라서 성능에 차이가 발생하는데 여기서 너무 세세하게 언급하지는 않겠지만, 가장 좋은 기술은 오토클레이브 방식으로 제작한 카본 핀이라고 할 수 있다. 핀은 프리다이빙 장비에서 가장 중요한 항목이기에 교육을 받는 센터나 강사에게 문의해 보고 제품을 선택하는 것을 추천한다. 처음 시작하는 분들은 프리다이빙용 장비 자체가 낯설어서 전문가의 조언이 필요하다. 혹은 인터넷을 켜서 열심히 Google링해 보시라! 요즘에는 없는 정보가 없다.

만약 여러분이 금전적으로 여유가 있다면 아무 생각 없이 그냥 제일 좋은 카본 핀으로 선택하고 구매하면 되겠지만, 우리들의 지갑 사정은 넉넉한 편이 못 된다. 그러므로 구매 전에 꼼꼼하게 생각하며 계획을 세우는 것이 좋겠다.

내가 얼마나 자주 다이빙을 할 것인지? 어느 정도의 깊이에 다이빙할 것인지? 어떤 목적으로 사용할 것인지? 등등을 고려해 봐야 한다. 예를 들면 해루질이나 스피어 피싱이 주목적이라면 플라스틱 핀을 사는 것이 좋다. 거친 바다나 바위틈 사이를 다니면서 긁혀도 부담이 없고, 부러질 염려도 적기 때문이다. 그리고 매우 튼튼하다. 깊이 들어갈 때 발목에 무리가 되기는 해도 해루질하면서 10m 이상 들어갈 일은 거의 없으니 안심해도 좋다.

이와 달리 순수한 마음으로 스포츠를 즐기기 위해 프리다이빙을 배우는 것이라면 처음부터 카본 핀을 사는 것을 추천한다. 발목에 무리도 덜 가고, 깊고 멀리 가기에 안성맞춤이다. 주머니 사정이 넉넉하지 못하거나 물속에서 예쁜 사진을 찍고 싶은 것이 주목적이라면 합성카

본 또는 유리섬유 재질의 핀을 사는 것도 좋다. 100% 카본으로 된 제품은 모두 검은색이지만 유리섬유 재질로 된 핀은 색상을 선택해서 구매할 수 있다. 흰색이나 투명한 핀 등 다양한 색상의 핀 종류를 고를 수 있다. 성능과 가격은 플라스틱과 카본의 중간이라고 보면 될 것 같다. 주머니 사정이 넉넉하지 못한 학생들에게도 추천해 줄 수 있는 핀이다.

끝으로 소개할 핀은 모노핀이다. 생김새는 물고기의 꼬리처럼 생겼다. 일반 사람들도 한 번쯤은 본 경험이 있을 것 같다. 프리다이빙 상급자들이 더 깊은 수심을 가기 위해서 쓰는 장비인데, 두 발을 동시에 넣어서 접영을 할 때의 방식으로 돌핀킥을 해야 앞으로 나갈 수 있다. 양발이 동시에 묶여서 움직이기에 불편하기는 해도 추진력이 뛰어나서 한 번의 웨이브로도 일반 핀보다 훨씬 강력하게 나아갈 수 있다. 60 m 이상의 깊은 수심을 내려가고 싶은 사람들이나 선수들이 주로 쓰는 장비이므로 프리다이빙에 처음 입문하는 경우라면 위에 소개한 3가지 장비 중의 하나를 선택하면 된다. 주의할 점은 너무 고가의 장비에만 욕심내지 말고 자신의 실력과 경제적 여건에 맞는 최선의 장비를 고르는 것이다.

프리다이빙 산책

11

내 몸에 맞는 슈트 고르기

물놀이할 때 입는 옷을 흔히 '래시가드'라고 부른다. 자주 쓰이는 외국어라서 일반 명사처럼 사용되는데 원래의 뜻은 'Rash(발진)', 'Guard(보호한다)'라는 의미이다. 맨몸으로 다이빙하다가 물속에서 해파리에 쏘인다거나, 산호 내부의 독성을 지닌 생명체와 접촉하면, 그로 인해 피부에 발진이 생기거나 가려워서 열흘 이상 고생하는 예도 있다. 아마 그런 의미에서 생겨난 단어가 아닐까 추측해 본다. 따뜻한 해외 바다에서 다이빙한다면 비키니나 수영복만 입고도 입수할 수 있다. 하지만 수온이 따뜻할수록 해파리가 많이 서식해 위험하니, 적어도 최소한의 슈트를 입고 다이빙하는 것을 추천한다. 우선 여기서는 프리다이빙용 슈트에 대해서 알아보겠다.

악마는 프라다를 입지만, 아이언맨은 슈트를 입는다

프리다이빙용 슈트는 재질에 따라서 오픈 셀과 클로즈 셀로 구분되고 형태에 따라서 원피스, 투피스로 구분된다. 오픈 셀은 내부가 네오프렌 재질로 만들어져서 실수하면 찢어지기 쉽지만, 체온 유지에 높은 효과가 있다. 반대로 클로즈 셀은 잘 찢어지지 않지만, 오픈 셀과 비교해서 체온 유지 효과가 조금 떨어지는 편이다. 프리다이버는 일반적으로 오픈 셀 슈트를 선택한다. 한 벌로 만들어진 원피스는 주로 스쿠버다이버들이 입는 편이고, 프리다이버들은 투피스 슈트를 입는 경우가 일반적이다. 프리다이빙은 한 번의 호흡으로 깊고 멀리 가는 게 목적인 스포츠라서 다이빙 직후에 수면에서 한참을 쉬면서 회복 호흡을 해야 한다. 이때 체온을 유지하는 게 중요한데 투피스의 슈트가 체온을 유지하기에 더 효과적이기 때문이다. 패션만 생각하다가 수온에 맞지 않는 얇은 슈트를 입고 와서 추위를 느낀다면 그날 다이빙에서는 긴장을 완화하기가 힘들어지고, 하강 시 호흡 충동도 빨리 올 수 있다.

슈트 선택 시의 고려 사항

그렇다면 어떤 슈트를 골라야 할까? 당연히 자신의 용도에 맞는 슈

프리다이빙 산책

트를 골라야 한다. 자신이 주로 다이빙을 하는 곳이 5m 풀장인지, K26 풀장인지, 혹은 바다인지에 따라서 달라질 수 있다. 경제적 여유가 있다면 2㎜ 슈트부터 7㎜ 슈트까지 종류별로 다 사 놓으면 되지만 현실적 여건은 그렇지가 않다. 한국은 계절에 따라서 좀 다르지만, 실내에서만 다이빙한다면 2㎜나 3㎜ 슈트를 고르면 된다. 최근 5m 풀장들은 겨울에도 수온 조절을 26~27도 정도로 맞춰 주고 있어서 3㎜ 슈트를 입어도 크게 추위를 느끼지 않는다. 물론 외부 공기가 찬 곳도 있어서 추위에 약한 분이라면 한겨울에는 5㎜ 슈트를 입는 것을 추천한다. 몸에 열이 많은 사람은 한여름에는 수영복만 입고 다이빙을 하는 것도 가능하다. K26의 경우는 일반 수영장보다 수온과 실내 온도를 높여 놓아서 겨울에도 수영복만 입고 다이빙을 하는 분들도 꽤 볼 수 있다. 예쁜 사진을 찍고 싶어서 수영복만 입고 다이빙하는 경우도 있다. 한국인들이 프리다이빙을 하러 자주 가는 세부, 다합, 태국, 발리 등도 3㎜ 슈트 정도면 적당하다. 이들 따뜻한 나라에도 계절이 있는데 'Dry season'인 여름에는 래시가드나 1.5㎜ 슈트로도 충분하지만, 'Raining season'인 겨울에는 3㎜ 정도는 입어야 적정 체온이 유지된다.

　주로 해외에서 다이빙할 계획이고, 한 벌만 사야겠다고 생각한다면 고민 없이 3㎜ 슈트를 사는 것이 경제적이다. 해외에 나갈 여건이 안되고 한국의 바다에서 주로 다이빙을 한다면 다양한 두께의 슈트가 필요하다. 12월에서 4월 정도는 수온이 13~10도 이하로 떨어진다. 이때는 프리다이빙을 거의 안 하긴 하지만 만약 하고자 한다면 5~7㎜ 슈트가 필요하다. 해루질이나 스피어 피싱을 즐기는 사람들도 12월 초겨울까지는 5㎜, 가장 추운 1~3월에는 7㎜를 입는 경우가 많다. 한국의 바다는 여름에도 냉수대의 영향으로 수온이 낮은 편이라 3~5㎜를 입으면 적당하다. 그리고 한국 바다의 수온이 가장 높아지는(20~25도) 9월에서 11월 사이에는 3㎜ 슈트를 입고 다이빙이 가능하다. 바다에는 육지의 계절보다 한 계절 늦게 찾아온다고 생각하면 대충 맞아 들어간다. 그래서 봄의 바다 수온이 가장 낮다.

슈트의 두께를 결정하고 나면 사이즈를 결정해야 한다. 여성용 슈트부터 남성용 슈트까지 사이즈가 다양하지만 같은 사이즈라도 브랜드에 따라 크기에 차이가 있으니 신중하게 골라야 한다. 다이빙 슈트의 특성상 구매하고 한 번 입고 나면 환불이나 반품이 어렵다. 결국, 중고로 되팔고 자신에게 맞는 사이즈로 재구매하게 되는 경우도 종종 있다. 구매 실수를 하지 않는 방법은 자신과 체격이 비슷한 지인에게 슈트를 빌려서 입어 본다거나, 다이빙을 함께하는 버디에 조언을 받는 것이다. 처음 시작하는 상황이라 이것도 어렵다면 프리다이빙을 배우는 강사나 교육 센터에서 대여용 장비를 사용해 보고 천천히 구매하는 것이 현명하다. 평생 한 번도 사용해 보지 않은 슈트나 핀은 전문가의 도움을 받거나 직접 입어 보지 않는 한 정확한 치수를 알기 어렵다.

프리다이빙 산책

간접적인 방법으로는 인터넷 카페 등에서 후기를 읽어보는 것도 좋다. 과거에는 해외 브랜드가 대부분이었지만 최근에는 국내에서도 슈트를 생산하는 업체가 조금씩 늘어나고 있다. 아직 품질 면에서는 조금 차이가 있지만, 사후 서비스를 생각하면 국산 브랜드를 선택하는 것도 괜찮은 방법이다.

▲ 〈빨강 · 검정 슈트〉 자신에게 꼭 맞는 슈트를 찾는 것은 매우 중요하다. 본인이 책정한 예산에 따라서 브랜드를 정하고 색상을 고르는 것이 그 첫걸음이다. 비싸다고 무조건 좋은 슈트는 아니니 전문가의 도움이나 인터넷 검색을 통해 많은 정보를 취합해서 선택해야 한다.

마지막으로 언급할 부분은 슈트의 가격인데 어느 브랜드 제품인지, 맞춤형 슈트를 살 것인지 기성 슈트를 살 것인지에 따라 조금씩 달라진다. 기성 슈트가 20~40만 원대로 조금 저렴한 편이고, 맞춤 슈트는 50~100만 원 정도로 약간 비싸다. 기성 슈트의 장점은 재고가 있다면 주문한 다음 날 바로 받을 수 있다는 것이고, 맞춤 슈트의 장점은 자기 몸에 꼭 맞는 옷을 입을 수 있다는 것이다. 기성 슈트는 몸의 특정 부위에 약간 안 맞을 수 있지만, 초보자의 경우에는 큰 차이를 못 느낀다. 맞춤 슈트의 단점은 주문 후 짧게는 10일, 길게는 3달 이상 걸려 배송이 된다는 점이다. 슈트는 한번 사면 오래 입게 되니 전문가의 도움을 받아서 신중하게 잘 고르는 게 중요하다.

▲ 〈파랑 슈트〉 프리다이빙에서는 검은색 슈트가 전통적이면서도 일반적인 색상이다. 하지만 최근에는 다양한 브랜드에서 입기도 편하고 디자인도 예쁜 기능성 슈트들이 많이 생산하여 보급하고 있다.

프리다이빙 산책

12

무호흡 트레이닝

어느 뜨거운 여름날 세부로 가족 여행을 간 적이 있다. 2014년 초반 정도로 기억된다. 작은 수영장은 해가 진 후에도 한낮의 열기를 간직하고 있었다. 선선해지기를 기다리며 헤엄을 치고 놀았다. 얼마나 지났을까? 아내가 좀 심심해졌는지, 숨을 참는 기록을 측정해 보자고 했다. 나는 흔쾌히 좋다고 하고는 숨을 얼마나 참는지 내기를 걸었다. 어릴 적에 큰 세숫대야에 얼굴을 묻고 친구들끼리 숨 참기 놀이를 했던 기억이 났다. 1분 이상은 쉽게 참을 수 있을 거라고 자신했다. 이때만 해도 컨트랙션에 대한 개념도 없었고, MDR 반응이 유도되면 숨을 더 오래 참을 수 있다는 생각도 하지 못했다. 숨을 참은 지 1분쯤 지났을 때 이미 가슴이 답답해지는 것을 느꼈다. 2분 정도는 참아야겠다고 생각하고 꾹 참고 버텼는데 폐가 조여 오고, 딸꾹질이 날 것 같은, 묘하면서도 아주 기분 나쁜 느낌이 들었다. 이때가 컨트랙션이 오기 직전의 상황이었다. 물속에서 고개를 들었다. 기록은 2분 10초. 생각보다 오래 참았다. 아마 물속에서 놀고 난 뒤라 MDR 반응이 조금 있었을 것 같다. 지금 생각해 보면 2분은 그렇게 긴 시간은 아니지만, 그 당시에는 영원처럼 길게 느껴진 시간이었다.

▼〈물 반, 사람 반〉 숨을 오래 참을수록 물속에서 유영하는 시간이 길어진다. 모든 프리다이버는 자신의 호흡을 길게 만들고 싶어 한다. 매일 끊임없는 노력이 필요한 영역이다.

얼마나 오래, 얼마나 깊이

프리다이빙을 처음 시작하면 두 가지 궁금증이 생긴다. '얼마나 오래 숨을 참을 수 있을까?', '얼마나 깊이 잠수할 수 있을까?' 이 장에서는 첫 번째 주제를 다뤄 볼 생각이다. 보통 프리다이버들은 숨 참기를 하는 행위를 스테틱(Static)이라고 부른다. 본격적으로 다이빙을 시작하는 사람들은 아래와 같은 CO_2 테이블을 만들어서 무호흡 트레이닝을 시작한다. 개인의 능력에 따라서 Time 테이블을 조절해서 사용할 수 있다. 준비 호흡 시간을 조금씩 줄여 가면서 동일한 시간을 참는 방식이다. 예를 들면 아래와 같다. 개인의 능력치에 따라서 3분 이상을 참는 시간으로 설정해도 좋겠다. 처음부터 너무 무리하지 않도록 적정 시간부터 시작해 보자.

횟수	숨 쉬는 시간	1WEEK	2WEEK	3WEEK	4WEEK
		숨 참는 시간			
1회	120S	60S	90S	120S	150S
2회	105S	60S	90S	120S	150S
3회	90S	60S	90S	120S	150S
4회	75S	60S	90S	120S	150S
5회	60S	60S	90S	120S	150S
6회	45S	60S	90S	120S	150S
7회	30S	60S	90S	120S	150S
8회	15S	60S	90S	120S	150S

위의 표를 좀 더 설명하면 세로 두 번째 줄은 숨 쉬는 시간(BREATH)이고, 세 번째 줄부터는 호흡을 정지하는(HOLD) 시간이다. 프리다이빙을 시작하는 첫 주에는 준비 호흡 2분 후 1분을 참는다. 동일한 방식으로 위의 표에 따라 15초까지 준비 호흡 시간은 줄여 가며 1분을 참는다. 처음에는 호흡 충동으로 5회만 되어도 1분을 참는 것이 꽤 어렵다. 그러나 이는 누구나 겪는 과정이며 차차 익숙해지므로 걱정하지 않아도 된다. 2주 차부터는 준비 시간은 같게 하고 호흡 정지 시간을 1분 30초로 늘려 본다. 개인의 능력에 따라 호흡 충동을 다르게 느낄 수 있으므로 본인의 컨디션에 따라 주차도 조절하면 된다. 10일마다 한 단계를 올려도 좋고, 시행 횟수를 정해서 다음 단계로 넘어가도 좋겠다. 응용 방법은 다양하다.

사실 무호흡 능력은 노력에 꼭 비례하지 않는다. 처음 시작하는 사람이 몇 번 연습한 후에 4분 이상 참기도 하고, 강사가 된 후에도 4분 이상 참는 것을 힘들어하기도 한다. 그런데도 중요한 것은 꾸준히 연습하면 누구나 4분 이상은 호흡을 정지할 수 있다는 것이다. 또한, 물속에서 호흡을 참게 되면 MDR 반응이 나타나기 때문에 좀 더 오래 참을 수 있다. 다만 풀장에서는 물속의 움직임을 최소화하고 BO의 불안함을 줄이기 위해 안정적인 버디와 함께해야 좋은 기록을 얻을 수 있다. 프리다이빙을 하면서 자주 듣는 질문 중 하나가 어떻게 하면 호흡

프리다이빙 산책

을 오래 참을 수 있는가이다. 이에 대한 답은 둘 중의 하나라고 생각한다. 어릴 적에 타고났던 물과의 친숙함을 성인이 될 때까지 잘 유지했다면 4분 정도는 참을 수 있고, 그냥 반복하여 열심히 연습하면 된다는 것이다. 또한, 명상과 요가를 하면 긴장을 완화하는 데 도움을 얻을 수 있다.

▲ 〈6월의 울릉도〉 물속에서 1분 이상 숨을 참고 바닷속 풍경을 즐길 수 있다면 그것은 꽤 긴 시간이다. 바다 수심 5m 이하의 얕은 물에서 펀 다이빙을 하며 볼 수 있는 것은 우리가 상상하는 것 그 이상이다.

O_2(산소) 테이블 트레이닝 방법도 있다. 비록 CO_2 테이블보다 자주 진행하는 편은 아니지만, 이것도 꾸준히 하면 기록 향상에 분명히 도

움이 된다. CO_2 테이블 방법과는 다르게 준비 호흡 시간은 같게 하고 숨 참는 시간은 점점 늘려 가면 된다. 예를 들면 아래와 같다.

횟수	숨 쉬는 시간	1WEEK	2WEEK	3WEEK	4WEEK
		숨 참는 시간			
1회	120S	60S	80S	100S	120S
2회	120S	65S	85S	105S	125S
3회	120S	70S	90S	110S	130S
4회	120S	75S	95S	115S	135S
5회	120S	80S	100S	120S	140S
6회	120S	85S	105S	125S	145S
7회	120S	90S	110S	130S	150S
8회	120S	95S	115S	135S	155S

O_2 테이블은 CO_2 테이블과 비교해 위험한 측면이 있다. 바로 기절할 가능성이다. 이를 예방하기 위해 테이블 세팅할 때 자신의 최고 기록의 60~70% 정도로 맞춰서 실시하면 좋다. 그리고 버디와 함께 번갈아 가면서 훈련하면 가장 안전하다. 또한, 시간을 알려 주는 앱을 활용해서 훈련해야 하는데, freedive, freediving, static 등의 키워드로 검색하면 스마트폰에서 쉽게, 그것도 무료로 설치할 수 있다.

스테틱 기록이 좋으면 깊이 잠수하는 데 도움이 되지만 실제 상황에서는 수심 기록과 꼭 비례하지 않는다. 프리다이빙에서는 무호흡 외에도 긴장 완화, 이퀄라이징, 핀 발차기 등 많은 기술이 필요하기 때문이다. 프리다이빙에서는 무호흡(Static Apnea)도 하나의 종목으로서 공식 대회 기록으로 인정된다. 그러므로 이 분야를 열심히 연습해서 국내 대회에 참가해 보는 것도 좋은 동기 부여 방법이 될 것이다. 2020년 6월 기준으로 남자는 11분 35초, 여자는 9분 2초가 AIDA가 공식적으로 인정한 스테틱 세계기록이다. 국내 동호인들 사이에서도 5분에서 6분까지 호흡을 정지할 수 있는 사람들이 종종 있으며, 이 기록은 점차 향상되는 추세다. 그러니 우리도 희망을 품고, 세계기록에 도전해 보는 것이 어떨까? 자신의 폐 속에 숨겨진 재능을 발견할지도 모른다.

13

프리다이빙 대회

준비된 자여, 각종 대회에 도전해 보자

프리다이빙 자체가 낯선 분들도 계시겠지만 여기에도 여러 대회가 있다. 크게는 실내에서 열리는 인도어(indoor) 대회와 바다에서 진행되는 대회로 구분할 수 있다.

실내에서 열리는 종목은 숨 오래 참기(STA), 무호흡 잠영(DYN), 무호흡 노핀 잠영(DNF) 등 세 종목이다. 해양에서 진행하는 대회는 모노핀을 사용해서 깊이 내려가는 종목인 CWT, 일반적인 롱핀, 바이핀이라고도 부르는 장비를 사용하여 깊이 내려가는 종목인 CWTB, 핀을 장착하지 않고 하강 줄을 이용해서 깊이 내려갔다가 오는 종목인 FIM, 핀 장착 없이 잠영하듯이 깊이 내려가는 종목인 CNF가 있다. CNF는 장비의 도움 없이 하강하는 것이기 때문에 체력 소모가 심하고 타 종목과 비교해 수심 기록이 덜 나오는 편이다.

▲ 〈편안한 상승〉 국내외에서 열리는 프리다이빙 대회가 있다. 프리다이빙은 타인과 경쟁하는 종목이 아닌 자신과의 도전이다. 아직 많이 상업화되지 않은 탓에, 개인마다 최고 기록이 차이가 많은 경우에도 한 대회에 출전해서 일정을 소화할 수 있다. 꼭 일류 선수들만 참가할 수 있는 것은 아니라는 이야기이다.

마지막으로 가변 웨이트라고 불리는 종목이 있는데, 내려갈 때는 장비의 도움을 받고 올라올 때는 자신의 능력으로 올라오는 종목인 VWT, 내려갈 때와 올라올 때 모두 장비의 도움을 받는 종목인 NO-LIMIT 등 총 여섯 가지 종목이 있다. 마지막 두 가지 종목은 안전상의 문제 때문에 최근 공식 대회에서는 채택하지 않고 있다.

국내 대회는 작은 단체라 할지라도 심판 자격증을 갖춘 사람이 있으면 진행할 수 있다. 대회의 규모나 참가 인원, 수심에 따라서 조건이 조금씩 달라진다. 국제 대회의 경우는 좀 더 복잡한데, 참가하는 선수들이 희망하는 수심에 따라서 세이프티 버디 인원과 종류, 심판관 인원과 자격 등에도 엄격히 제한을 둔다. 한편, AIDA에서 주최하는 세계 대회에 가장 많은 선수가 참여하고 있다. 2018년에는 바하마 롱아일랜드섬에서 대회가 열렸고, 2019년에는 프랑스 니스에서 대회가 열렸다. 참가 선수들의 기량이 매년 늘어 감에 따라서 각종 기록이 쏟아져 나왔다. 해외에서 주로 활동하는 한국 선수들도 수심 100m 이상에 도전하기 시작했다. 사실 1960년대까지만 해도 의사나 전문가들이, 수심 30m 이상 내려가는 것은 폐가 터질 위험이 있는 자살행위라고 하였다. 하지만 1976년 대회에서 현대 프리다이빙의 아버지로 불리는 자크 마욜이 나타나 100m 기록을 깨뜨렸다. 지금도 소수이긴 하지만 100m 벽을 넘는 선수들이 늘어나고 있다.

AIDA 말고도 CMAS, 필리핀 팔라오에서 열리는 아시아선수권대회, 규모가 큰 다이빙 센터들이 운영하는 대회 등 각종 단체에서 크고 작은 프리다이빙 대회를 개최하고 있으니 더 궁금한 분들은 인터넷 검색을 통해 최신 정보를 얻길 바란다.

요즘 인터넷 환경은 빅 데이터를 수집해서 개인이 관심을 두고 있는 콘텐츠를 상위에 띄워서 보여 주고 있다. 어제 특정 물건을 검색했다면 오늘은 브랜드만 다른 같은 종류의 제품을 자동으로 나열해서 보여 주는 식이다. 요즘 우리가 많이 사용하고 있는 유튜브도 마찬가지다. 여러분이 프리다이빙에 관심이 있어서 이와 관련된 콘텐츠를 한 번만 검색하고 나면 유사한 영상들이 계속 추천되고 AIDA에서 주최한 대회 영상을 시청하고 나면 비슷한 영상을 자주 볼 수 있게 되니 장점이기도 하다. 대회 영상을 보고 있자면 대부분의 선수가 마스크와 스노클을 쓰지 않고 코에 무언가를 끼운 채 물속으로 들어가는 것을 볼 수 있다. 스노클링을 한 번이라도 접해 보았거나 프리다이빙을 배운 사람들은 장비 중에서도 기본적인 것이 마스크와 스노클이라고 알고 있는데 선수들은 왜 두 장비를 사용하지 않고 대회를 치르는 것일까? 그 이유가 궁금하다.

그들이 장비 없이 물에 뛰어드는 이유

선수들이 코에 물이 들어오지 않게 하려고 사용하는 집게처럼 생긴 물건은 '노즈클립'이라는 장비다. 이것은 물에 들어갈 때 압력이 높아져

코에 물에 들어오는 것을 방지해 주고, 무엇보다 가장 중요한 기능으로, 이퀄라이징을 시도할 때 손을 사용하지 않고도 가능하게 해 준다. 프리다이빙을 할 때는 최대한 에너지를 아껴서 내려가야만 더 오래, 더 깊게 내려갈 수 있으므로 매우 고마운 장비라고 할 수 있다. 마스크를 사용할 때는 어쩔 수 없이 손을 올려서 코를 막고 폐 속에 있던 공기를 끌어 올려서 고막으로 바람을 넣어 줘야 하는데 노즈클립을 사용하면 항상 코가 막혀 있기 때문에 손을 사용하지 않고도 가능한 것이다.

노즈클립을 사용하는 이유는 몇 가지 더 있다. 우선 얼굴에 물이 닿는 면적이 넓어져서 포유류 잠수반응이 좀 더 빨리, 그리고 강하게 올라오므로, 무호흡 다이빙을 하는 데 도움이 된다. 또 마스크 압착을 방지할 수 있다. 아무리 저용량의 마스크라고 해도 공기가 들어 있기 때문에 수심이 깊어질수록 압착을 유발한다. 이 압착을 적절히 풀어 주지 않으면 눈의 모세 혈관이 터지는 부상을 입을수도 있다. 노즈클립을 사용하면 아예 마스크를 착용하지 않고 내려가기 때문에 이 문제는 전혀 걱정할 필요가 없다. 압착을 피하려면 공기를 나눠 줘야 하는데 가뜩이나 부족한 폐 속의 공기를 나눠 주면서 내려가면 자신의 최대 수심까지 내려가기 힘들어진다.

이렇게 장점이 많지만, 초보자들이 쓰기에는 심리적으로 두렵게 느꺼진다는 단점이 있다. 물속에서는 시야가 확보되지도 않아서 눈을 떠도 잘 보이지도 않고 그것이 익숙하지도 않다. 이러한 단점을 보완하기 위해서 헥토미터 고글이나 플루이드 고글 형태의 제품도 출시되었지만, 일반적으로 잘 사용되는 장비들은 아니다. 앞으로 기술이 더 발전한다면 마스크 압착도 없으면서 손을 사용하지 않고도 이퀄라이징[37]을 할 수 있는 고글이 개발되기를 기대해 본다.

아직 프리다이빙 대회는 일부의 사람들만 알고 있는 분야라서 현재는 대중의 관심을 받지는 못한다. 그러나 점점 프리다이빙을 하는 인구가 늘어 감에 따라서 아시안게임이나 올림픽 등 메이저 대회의 정식 스포츠 종목에 포함될 가능성도 있다. 프리다이빙은 자신의 호흡으로 하는 운동이니 제대로 배우고 시작한다면 어떤 수중 레저 활동보다도 훨씬 안전하게 즐길 수 있다. 이미 프리다이빙을 배우기 시작한 분들이라면 주위에 어떤 대회들이 있고, 자신은 어떤 종목에 참가할 수 있는지 알아보는 것도 다이빙을 재미있게 즐기는 방법이 될 수 있을 것이다. 또한, 프리다이빙 경기는 타인과 기록을 경쟁하는 종목이 아니라 자신과 경쟁하는 스포츠라는 점에 의미를 두고 즐긴다면 더 많은 만족감을 느낄 것이다.

....

37) 물에서는 수심 10m마다 1기압씩 압력이 높아지는데, 우리 몸이 여기에 적응하지 못해서 귀 막힘 현상이 일어난다. 이때 콧구멍과 입을 막고서 숨을 거세게 내쉬면 '펑' 하고 귀가 뚫리게 되는데 이 같은 동작을 '이퀄라이징'이라고 부른다. - 펭귄도 잠수병 걸린다?(KISTI의 과학 향기 칼럼), 네이버 지식백과

《바닷속 잠영》 물속에서 이퀄라이징 없이 유영할 수 있다면 얼마나 편할까? 극히 일부의 사람들은 자동으로 압력평형이 되지만 보통은 잘 안되는 경우가 대부분이다. 프리다이버들은 손을 사용하지 않고 이퀄라이징을 하기 위한 하나의 대안으로 노즈클립을 사용한다.

14

국내외 프리다이빙 포인트

프리다이빙을 배워 실전에서 다이빙하고 싶은데 어디에 가면 할 수 있을까? 가까이에 있는 5m 풀장에서도 많은 트레이닝을 할 수 있겠지만 자격증도 딴 마당에 좀 더 넓은 곳으로 나가 보고 싶다. 그런데 대체 어디에 다이빙 포인트가 있는 걸까? 세계에는 수많은 아름다운 포인트가 있으므로 시간적 여유가 있는 분들이라면 해외 바다를 경험해 보실 것을 추천한다. 그러나 시간이 없는 분들도 실망하지 마시라. 다행히 국내에도 제법 많은 포인트가 있고, 현재도 계속 개발되고 있으니 주말을 이용해서 방문해 보면 좋을 것이다. 유명한 다이빙 포인트 중에 필자가 직접 다녀온 곳과 아직 가 보지 못한 곳이라도 유명한 장소를 몇 군데 추려서 소개해 보려고 한다.

프리다이빙 산책

국내 프리다이빙 포인트

· K26: 경기도 가평에 있으며 아시아에서 가장 깊은 수영장으로 알려져 있다. 이름 때문에 수심이 26m인 풀장이라고 생각하는 경우가 많은데 실제로는 25m 정도이다. 국내 프리다이빙 인구가 급격히 늘면서 지어지게 되었고, 현재는 많은 다이버들이 사계절 프리다이빙을 즐길 수 있게 되었다. 실내 수영장이라 겨울에도 적정 수온과 실내 온도를 유지하고 있어서 래시가드나 수영복만 입고도 다이빙을 할 수 있다. 수심이 5m, 10m인 공간도 갖추고 있어서 각자의 수준에 맞는 다이빙 연습을 할 수 있다.

▲ 〈K26 다이빙 마크〉 경기도 가평에 있는 K26 수영장. 아시아 최대 수심을 자랑한다. 4단계 계단 형태의 수심으로 설계되어 있어서 다이빙 초보자들도 쉽게 배우고 즐길 수 있는 환경이다. 사진 속의 모델은 수심 10m에서 포즈를 취하고 있다.

· 강원도 고성: 수도권에서 2시간 정도로 접근하기 쉽고 수심도 30m 이상 되는 곳도 있어서 좋다. 물때가 맞으면 시야도 괜찮은 편이다. 수온이 낮은 편이라서 한여름이라도 추위를 느끼는 분들은 5㎜ 슈트를 입고 들어가야 한다. 다이빙하는 도중에 15~20m권에서 냉수대를 만나는 경우가 있어서 깜짝 놀라기도 한다. 정기적으로 운항하는 사설 업체의 보트가 있어서 약간의 뱃삯을 내면 주기적으로 들어갔다 나올 수 있는 장점이 있다. 물론 샤워 시설도 함께 이용할 수 있다.

· 제주도: 우리나라 남단에 자리 잡은 만큼 해수 온도가 제일 따뜻하다. 12월부터는 수온이 많이 내려가서 프리다이빙 비수기로 접어들지만 맑은 수심과 예쁜 물고기들을 만날 수 있다. 조류가 셀 때가 있고, 날씨 영향을 많이 받으니 출발하기 전에 꼭 일기예보를 챙겨 봐야 한다. 최근에 프리다이빙 숍이 많이 생겨서 예약하고 출발하면 좋다.

· 포항 그리고 울릉도: 경상북도 포항은 남쪽 동해권에 속해서 한겨울만 아니라면 프리다이빙을 하기에 적합하다. 시야도 꽤 잘 확보되는 편이고 물때를 맞춰 나가면 조류 영향도 덜 받는다. 그리고 갈라파고스 프리다이빙 교육 센터가 자리 잡고 있다. 어느 바다라

프리다이빙 산책

도 마찬가지지만 파도나 너울이 있는 날은 멀미약을 미리 챙겨 먹고 나가면 좋다.

▲ 〈갈라파고스 팀원들〉 시야가 좋은 울릉도의 바다는 정말 환상적이다. 겨울에 시야가 좋은 편이지만 너무 추워서 들어가기 힘들다. 여름이 다가와도 일반적인 동해 바닷물에 비하면 훨씬 깨끗하고 아름답다. 프리다이빙을 즐기는 사람이라면 한 번은 꼭 가 봐야 할 포인트다.

최근에 울릉도에도 다이빙 포인트가 개발되어서 프리다이빙을 즐기는 사람들이 늘고 있다. 마침 포항에 울릉도로 가는 여객항이 있다. 다른 지역에서는 울릉도에 접근하기가 쉽지 않지만, 포항에서 여객선을 타고 세 시간 반 정도면 울릉도에 갈 수 있으니 반가운 소식이다. 울릉도는 파도가 좋은 날에는 시야가 20m 이상 확보되어서 해외 바다 부럽지 않은 컨디션을 자랑한다. 2025년을 목표로 울릉도 공항이 건설 중이라고 하니 앞으로가 더욱 기대되는 다이빙 포인트다.

· 태종대: 부산과 경남에 거주하는 분들의 경우, 접근이 쉬워 인기가 많은 곳이다. 보트를 이용해서 왕복 이동하기 좋은 포인트로 잘 개발되었다. 단점은 남해에 있다 보니 시야가 탁한 편이라는 점이다. 그래서 바다를 처음 경험하는 분이라면 심리적으로 위축될 가능성이 있다. 그래도 뱃삯이 저렴하고 보트가 자주 다닌다는 것은 큰 장점이다. 샤워 시설도 잘 갖추어져 있다.

· 딥스테이션: 2022년 초 개장을 앞두고 있는 36.5m 깊이의 수영장. 프리다이버들을 위한 수중 구조물이나 시설을 잘 갖추어두었다. 기존에 가장 깊은 수영장인 K26을 넘어서는 국내 최대의 잠수 풀장이 될 전망이다.

해외 프리다이빙 포인트

· 필리핀: 세부, 보홀, 코론, 두마게티, 모알보알, 오슬롭 등 정말 많은 포인트가 있다. 세부는 서울과 김해에서 막탄 공항으로 직항 비

행기가 있어서 가장 인기 있는 다이빙 포인트다. 보홀은 직항 비행기가 편성되었다가 없어졌지만 한 번쯤 가 볼 만한 좋은 장소다. 세부에서 페리를 타고 2시간 정도면 들어갈 수 있는 곳이니 접근성도 좋은 편이다. 모알보알에는 정어리 떼를 볼 수 있는 포인트가 있고, 가까운 뻬스까도르라는 섬에서는 스쿠버다이빙과 스피어 피싱을 즐기기도 한다. 또 근처에 산호가 아름다운 화이트 비치가 있으니 시간이 허락된다면 방문해 볼 만하다.

코론은 마닐라나 세부에서 비행기로 1시간~1시간 반 정도 걸리는 거리에 있다. 팔라완 지역의 일부인데 이미 유명해져서 많은 다이버가 다녀오는 곳이다. 바라쿠다와 까양안호수가 유명하며 화산활동으로 인해 바닷물이 갇혀서 담수가 되었다. 그리고 호수에 바닷속 생물이 살고 있어서 특이하며 땅 밑에서는 온천수가 뿜어 나오고 40m 정도 되는 바닥은 진흙으로 형성되어 있다. 시야는 15m 정도까지는 훤히 보여서 펀 다이빙을 즐기기에 안성맞춤이다.

마지막으로 오슬롭, 보홀은 야생 고래상어를 볼 수 있는 곳으로 개발되었으니 한번 가 볼 만하다. 필리핀 다이빙의 큰 장점은 사람들이 한국인에게 호의적이고 물가도 전 세계 어느 곳보다 저렴하다는 것이다. 다만 국내교통편이 좋지 않아 이동이 불편할 수 있다는 것은 감수해야 한다.

· 인도네시아 발리: 발리 공항에서 차로 2~3시간 정도 거리에 있는 북동쪽 아궁산 아래 위치한 아메드 지역에서도 프리다이빙을 할 수 있다. 10m 이내의 수심에 템플 조각상이 있고 난파선에서 펀 다이빙을 즐길 수 있다. 이곳은 스피어 피싱이 합법이라서 직접 해 볼 수도 있고, 가이드와 함께 투어를 진행할 수도 있다.

· 콜롬비아 타강가: 『백년의 고독』의 작가인 가브리엘 가르시아 마르케스가 태어난 곳 근처이다. 몇 년 전 카르타헤나를 여행하다가 들른 곳이다. 남미에서는 보기 드물게 물가가 저렴하면서도 다이빙하기 좋은 포인트였다(이곳은 매우 아름답지만, 미국, 유럽 등지에서 많은 사람이 몰려와 전반적으로 물가가 상승했다). 물속 시야도 맑고 수온도 따뜻한 편이다. 게다가 해파리도 많이 없어서 프리다이빙을 하기에 좋다. 근처 다이빙 숍에 요청을 하면 배를 빌려 가이드와 함께 나갈 수 있다. 정확한 비용은 기억이 잘 안 나지만 남미의 평균인 100~150불보다 훨씬 저렴한 편이다. 남미에서 다이빙을 배우고 싶은 사람들이 아주 많이 찾는 유명한 포인트다. 아메리카 남쪽 바다에서만 볼 수 있는 신기한 상어, 거북이, 다랑어과 어종의 무리 등을 볼 수 있는 것은 남미 다이빙만의 매력이다.

· 이집트 다합: 프리다이빙 강사들이 많이 있고, 한인이 운영하는 숍도 있다. 깊이가 130m 정도며 시야가 아주 좋다. 또 물가가 아주 저렴한 편이라서 프리다이빙 여행지로 유명하다. 사진을 찍으면 예쁘게 나온다. 이집트 내에서 이동할 때에는 치안이 불안하므로 조심해서 다녀야 하지만 일단 다합에 도착하면 평화롭고 안전하다. 다만 겨울에는 기온이 낮아져서 해외에서만 다이빙을 즐기는 사람들은 여기에 왔다가 좀 더 따뜻한 곳으로 이동하곤 한다.

· 미국 플로리다 - 딘 블루 홀(Dean's Blue hole): 기욤 네리가 찍은 블루 홀 영상의 배경인 장소다. 플로리다반도 동남쪽에 있는 바하마 제도의 롱아일랜드섬 근처에 자연적으로 만들어진 곳으로 세계 3대 블루 홀에 속한다. 세계에서 가장 깊은 블루 홀 중의 하나며 수심이 무려 200m이다. AIDA 세계선수권대회가 열리기도 했다.

· 벨리즈 - 그레이트 블루 홀: 멕시코 아래에 있는 아주 작은 나라다. 어디에 있는지 아는 사람이 거의 없다. 아는 사람만 알고 있지만, 국가에서 산호 보호 구역으로 지정된 바다로 남미에서도 으뜸으로 꼽힌다. 직접 체험해 보니 물가는 꽤 비싼 편이지만 한번은 경험해 볼 만한 가치가 있는 곳이다. 벨리즈의 그레이트 블루 홀은 세계에서 가장 거대한 곳으로 '지구의 눈'이라는 별명을 가졌다. 지름

이 300m, 깊이가 124m로 덩치가 엄청나며 하늘에서 촬영했을 때만 원형의 형태를 온전히 볼 수 있다. 배를 타고 이동하다 보면 가장자리의 수심이 얕아지다가 갑자기 시커먼 물로 변하는 지점을 확인할 수 있는데 그곳이 바로 블루 홀의 가장자리다. 벨리즈 지역에 가면 다이빙 투어 상품을 파는 업체가 몇 군데 있는데 매일 있는 것은 아니니 반드시 사전에 예약해야 한다. 기상 상황이나 손님 인원 등을 고려해서 일주일에 2~4번 정도 출항을 한다. 다이빙 포인트가 꽤 먼 거리에 있어서 큰 배를 타고 1시간 정도 이동해야 하며 당일치기 투어인데도 가격은 꽤 비싼 편으로 기억한다. 육지로부터 거리가 멀어서 그런지 프리다이빙보다는 대체로 블루 홀 안의 기암괴석이나, 상어 등 수중 생명체를 보기 위해서 스쿠버다이빙을 하는 포인트로 많이 이용된다. 물론 장비를 준비해서 간다면 프리다이빙을 할 수도 있다.

· 몰디브: 럭셔리 신혼 여행지로 잘 알려진 곳이다. 하지만 프리다이버들에게도 파라다이스와 같은 장소. 인도양에 위치해 있으며 1192개의 섬 군락으로 이뤄진 해양 나라다. 잘 알려지지 않은 만큼 다양한 바다 생물들이 잘 보존되어 있는 곳이다. "모히또 가서 몰디브 한잔할까?"

3

프리다이버가
떠나는 세계 여행

1

정글의 법칙 in 프리다이빙

2013년 SBS 〈정글의 법칙〉에서 개그맨 김병만이 프리다이빙에 도전하는 모습을 소개했다. 그때만 해도 프리다이빙은 대중에게 낯설었지만 이를 계기로 일반인에게 널리 알려졌다. 깊은 수심에 도전하는 그의 모습에서 가 보지 못한 곳에 대한 두려움과 도전 욕구가 함께 느껴졌다. 바다 위에 튜브를 띄우고 거기에 묶은 줄 하나만 믿고 30m 수심에 도전하는 모습은 보는 사람들에게 숨이 턱 막힐 것 같은 긴장감을 주었다. 대단하다는 말이 절로 나왔다.

김병만은 역시 그다웠다, 그런데도……

방송을 제작했던 PD는 어떤 목적으로 프리다이빙을 방송의 소재로

▲ 〈동굴 다이빙〉 프리다이빙을 처음 보는 사람들은 이 스포츠가 낯설게 느껴질 수 있다. 어떻게 사람이 숨을 참고 20~30m를 내려갈 수 있을까? 프리다이빙은 천천히 배우고 도전하면 정말 안전한 스포츠지만 욕심을 부리는 순간 안전사고가 발생하기 쉽다. 정글의 족장 김병만도 작은 LMC[38]를 겪었다.

정했을까? 〈정글의 법칙〉은 시청자들에게 원시 인간의 생존과 탐험을 간접적으로 경험시켜 주며 흥미를 자극했다. 처음에 이 프로그램은 비교적 얕은 물속에서 스노클링과 물고기 사냥하는 모습을 보여 주며 인간의 수렵 본능을 자극하곤 했다. 바다를 터전으로 살던 수렵 원주민들에게 사냥은 곧 능력이었다. 포획물은 자식과 가족을 부양하고 종족을 번식할 수 있게 하는 식량이 되었다. 그러한 방식으로, 희미하게

....

38) LMC: 일시적 운동 제어능력 상실을 일컫는다. 입술에 청색증이 오거나 말을 못 잇는다. 몸을 부르르 떨어서 '삼바'라고도 불린다.

잊혀 가던 인간의 본능을 소재로 삼아서 아름다운 영상미를 내세워 인기를 얻어 갔다. 그런데 이번에는 이 수준을 넘어 더 깊은 바다의 영역에 도전한 것이다.

　최초에 목표를 20m 잠수하는 것으로 정했던 김병만은 야생의 족장답게 쉽게 성공했고 30m 수심까지 도전했다. 줄을 잡고 내려가는 과정에서 보여 준 영상미는 아름다움 그 자체였다. 그가 물속으로 진입하는 순간 몇 마리의 큰 물고기들이 반기듯 옆을 지나갔다. 바다의 깊이를 알 수 없는 수중 절벽을 곁에 두고 줄을 잡고 10m, 15m, 20m 거침없이 아래로 내려갔다. 물속에서는 귀의 압력평형(이퀄라이징)에 문제가 없었다. 수중 절벽에는 작은 물고기들이 산호 속을 오가며 낯선 불청객을 경계하고 있었다. 인간의 몸이 유선형이 되어 바다의 속살을 가르며 아래로 내려가는 모습은 돌고래를 연상케 했다. 호흡을 멈추고 바다를 유영하며 물의 온도와 부드러움을 느꼈다. 바다의 조류가 몸을 부드럽게 감싸면 호흡을 멈춘 것을 잊고, 핀을 차는 것마저 잊어버린다. 파도에 부딪혀서 부서지던 빛의 조각들도 점점 사라지고 물속은 점차 어둠이 지배한다. 바다의 중심은 내가 더 이상 움직이지 않아도 점점 나를 더 깊은 바닥으로 끌어당긴다. 이 순간 두려움을 극복한 사람은 생명의 바다에서 황홀한 경험을 할 수 있다. 시청자들은 아주 오래전 모든 생명이 물에서 출발하여 진화해 온 과정을 인간이 거꾸로 거슬러 가는 모습을 지켜보고 있었다.

　바로 그때였다. 김병만이 25m 지점에 이르자 몸의 균형이 깨지며 비스듬히 눕기 시작했다. 코를 자꾸 만지면서 이퀄라이징을 시도하더니 결국 27m 지점에서 몸을 돌렸고, 강한 호흡 충동을 느끼는 것처럼 보였다. 압력평형에 실패한 것이다. 이때부터 김병만은 당황하기 시작했고, 영상으로 보기에도 올라오면서 핀을 차는 속도가 급격히 빨라졌다. 수심 10m 지점에서 버디를 만나서 수면까지 무사히 올라왔지만 이후 일시적으로 LMC(운동제어능력 상실)를 겪었다. 자신이 안전하게 잠수할 수 있는 능력 이상으로 무리하게 시도하다가 좌절을 한 것이다. 하지만 처음 다이빙을 한 사람이 수심 27m에 도달했다면 실로 대단한 성공이다. 앞에서도 소개했듯이 LMC는 버디의 도움을 받고 물 밖에서 간단히 회복할 수 있는 증상이니 크게 걱정할 필요는 없다.

　30m는 프리다이빙을 즐기는 사람들 사이에서도 꽤 깊은 수심에 속한다. SSI 레벨3의 최소 기준에 해당하는 수심이니 다이버로서는 마스터급 수심을 도전한 것이다. 김병만은 줄을 잡고 내려가는 FIM 방식의 잠수를 선택했는데, CWT(핀을 차고 내려가는) 방식보다 체력 소모는 덜하지만 수중에서 무호흡 시간이 길어진다. CO_2 table 트레이닝을 충분히 하지 않았다면 30m는 결코 쉬운 수심이 아니었다. 최종 호흡을

한 뒤 최소 2분 이상 숨을 참을 수 있어야 한다. 실제로는 물속에서 몸을 움직이며 산소를 소비하므로 스테틱 압니어 기준으로 최소 3분 이상은 숨을 참을 수 있어야 했다.

단지 그대가 거기 있다는 이유만으로는

다이버들은 얕은 물속에서 양성 부력을 이기려고 납덩이(웨이트)를 몸에 두른다. 보통 10m 정도에서 중성 부력에 이를 수 있는 무게로 조절한다. 중성 부력을 지나치는 지점부터는 당연히 음성 부력이 작용한다. 이때부터 물속에서 더는 헤엄치지 않아도 지구의 중력이 몸을 바닥으로 빨아들이는 신비한 경험을 할 수 있다. 어떤 사람들은 이 느낌을 우주로 빨려들어 가는 느낌이라고 했는데 다이버들이 수중에서 겪는 진공상태의 느낌을 비슷하게 표현한 것 같다.

산을 오르는 사람들에게 어차피 내려올 텐데 왜 산을 오르느냐고 물어보면 '산이 거기 있어서'라고 대답한다. 프리다이버들에게 어차피 올라올 것을 왜 바둥거리며 내려가느냐고 묻는다면 뭐라고 답할까? 바다가 거기 있어서 내려갔다고 할까? 왠지 1% 부족해 보인다. 자신이 왜 프리다이빙을 시작하게 됐는지 곰곰이 이유를 생각해 본다면, 바다 여행이 더욱더 값진 경험이 되지 않을까?

프리다이빙 산책

2

그랑블루

"바다 끝까지 내려가면 바닷물은 더 이상 푸른빛이 아니고
하늘은 기억 속에만 있죠. 고요 속을 떠다니는 거죠."

– 자크 마욜의 영화 대사 中

뤽 베송 감독의 영화 〈그랑블루〉(Le Grand Bleu, 1988)는 프리다이빙계의 전설이 된 두 남자의 우정을 그린 영화다. 프랑스인 자크 마욜[39]과 이탈리아인 엔조 마이오르카[40]는 실존 인물이었다. 당시 둘 다 유명한 선수였지만 자크가 1976년에 인간의 한계라고 여겨지던 수심 100m(330ft)에 먼저 도달하면서 지금까지 더 많이 알려지게 되었다.

....

39) Jacques Mayol(1927~2001) 프랑스인으로 인류 최초로 수심 100m 도전에 성공한 프리다이버, 〈그랑블루〉 영화 속 주인공이다.

40) Enzo Maiorca(1931~2016) 이탈리아인으로 세계 최초로 50m 다이빙에 성공한 인물, 자크와 라이벌 관계였으며, 한때 세계 최고의 기록을 가진 선수였다.

그의 최고 기록은 56세에 세운 수심 105m(344ft)이다. 프리다이버라면 한 번쯤 볼 만한 영화다. 먼저 두 사람의 인생을 살펴보자.

▲ 〈플랑크톤이 풍부한 바다〉 '그랑블루'의 주인공 자크 마욜은 돌고래를 사랑했다. 가족처럼 여겼으며, 영화 속에서는 마지막 순간에 깊은 바다로 돌아가고 싶어 했고, 우연히 만난 그들을 따라서 더 먼 곳으로 떠나게 된다.

프리다이빙의 전설, 자크 마욜의 일생

장 자크는 프랑스인이지만 중국 상하이에서 태어났다. 유년기를 중국에서 보냈기 때문에 명상과 요가를 접할 수 있었다. 매년 여름휴가

때는 일본 사가현에 있는 가라쓰시에서 시간을 보냈다. 그 도시는 바다에 접해 있었다. 그는 7살 되던 해부터 벌써 형들과 스킨 다이빙을 할 수 있었다. 자크는 그곳에서 처음 돌고래를 만났다. 어린아이에게는 큰 감동이었다. 나중의 일이지만 이 잊지 못할 추억이 그 철학의 씨앗이 되어 『호모 돌피누스』라는 책이 세상에 나왔다.

28세 청년이 된 그는 미국 플로리다 마이애미에 있는 아쿠아리움에서 일했다. 이때 Clown(광대)이라고 불리는 암컷 돌고래를 만나고 가족과 같은 유대감을 느꼈다. 이 장면은 〈그랑블루〉에도 나온다. 자크 마욜에게는 늘 '프리다이빙계의 아버지'라는 화려한 수식어가 따라붙지만, 그에 못지않게 인생의 그늘 또한 짙다. 첫 번째 부인과의 사이에서 2명의 자녀를 두었지만 이혼하였고, 그 후에 새로 사귄 여자친구가 교통사고로 죽게 되면서 그는 우울증에 시달렸다. 그리고 2001년 이탈리아 카폴리베리에 있던 자신의 집에서 자살로 생을 마감한다. 향년 71세였다. 자크 한 개인은 길지도 짧지도 않은 인생을 마감했지만 죽기 전에 AIDA의 창립자 중 한 명인 움베르토 펠리자리(Umberto Pelizzari, 1965~)라는 걸출한 제자를 키웠으니 프리다이버로서는 여한이 없는 삶을 살았다고 할 수 있을지도 모르겠다.

자크의 영원한 경쟁자이자 동반자, 엔조 마이오르카

한편 이탈리아 출신인 엔조는 자크와 프리다이빙 경쟁자이면서 친구였다. 그는 4살에 처음 수영을 배웠다고 한다. 영화에서는 자크보다 2살 많게 설정되었지만 실제로는 4년 늦게 태어났다. 엔조 마요르카는 세계에서 최초로 수심 50m를 잠수한 프리다이버다. 이후에도 두 사람은 우정을 유지하면서도 선의의 경쟁을 계속했다. 엔조는 자크보다 조금 늦었지만, 본인의 최고 기록인 수심 101m를 달성하고 은퇴하였다. 이후 인생의 진로를 바꿔 정계로 진출하였고 상원의원에 당선되었다. 그리고 85세까지 장수를 누렸다. 다이버로서는 자크 마욜의 그늘에 가려졌으나 인생의 행복은 좀 더 즐겼을지도 모르겠다. 영화 속 엔조 캐릭터와 유사하다.

이제 영화 이야기로 들어가 보자. 실화를 바탕으로 한 이 영화는 그리스의 작은 마을에서부터 시작한다. 회색빛의 과거 영상에는 시골 마을의 골목길과 흰색으로 칠해진 교회 건물의 외벽, 그리고 길고 하얀 수염을 기른 신부님이 등장한다. 산토리니의 피라 마을이나 이아 마을의 오솔길과 푸른 바다를 연상케 했다. 흑백 영상이었지만 비현실적으로 깨끗한 바닷물을 또렷이 느낄 수 있어서 인상적이었다. 영화 속 주인공인 두 소년은 바다에 빠진 동전을 계기로 처음 인연을 맺게 된다.

프리다이빙 산책

이후 20년간 두 친구는 만나지 못했고 서로 다른 길을 걷게 된다. 뉴욕 보험사 직원으로 일하던 조안나(로잔나 아퀘트 분)는 페루에서 발생한 트럭 사고에 대한 보험 증빙 서류를 받으러 갔다가 우연히 자크(쟝 마르 바 분)를 만나게 된다. 자크는 페루의 고산지대 빙하 속에서 잠수하는 일을 하고 있었다. 로맨스 소설의 흔한 이야기가 늘 그렇듯 두 사람은 첫눈에 사랑에 빠지게 된다. 자크는 이탈리아 시칠리아에서 조안나를 아쿠아리움으로 데려가는데 이때 자신의 유일한 가족은 돌고래라고 이야기한다. 조안나는 깨닫지 못했지만, 자크는 푸른 바다와 돌고래를 너무도 사랑하고 있었다. 어린 시절 잠수부였던 아버지를 사고로 잃은 후 그는 바다와 돌고래와 함께하며 외로움을 이겨 내고 있었다.

실제로 자크는 한 언론과의 인터뷰에서 잠수를 하고 유영하는 방법을 마이애미에 있는 수족관에서 일할 때 돌고래로부터 배웠다고 했다. 그는 평소 심박 수가 70회였으나 잠수할 때는 20회까지 떨어뜨릴 수 있었다. 이것은 물속에서 진화하며 비장이 발달한 돌고래나 고래, 바다사자 등의 바다 포유류에게 나타나는 다이빙 반사작용이다. 이것이 그에게 돌고래 인간이라는 별명이 붙여진 이유다.

엔조(장 르노 분)는 20년 만에 만나게 된 친구에게 깊은 우정을 느낀다. 바다를 공유하는 사나이들만이 느끼는 감정이랄까? 그런 감정이 영상을 통해 어렴풋이 전해져 왔다. 파스타를 서빙할 때는 친구인 자신이 꼭 전달해야 한다고 했다. 세상살이에 물정이 어둡고, 순수한 청년인 자크는 늘 선한 미소로만 감사의 마음을 전했다. 엔조가 오랜만에 만났는데 궁금한 게 없냐고 묻자, "나는 원래 질문하는 데 익숙하지 못해."라고 답한다. 어릴 적 아버지를 도와 배 위에서 일할 때 했던 답변과 똑같다. 세월이 흘러도 본성은 변하지 않은 것이다. 그런 그도 질문을 딱 한 번 한다. 여자에 관한 질문이다. 조안나에게 사랑의 감정을 느끼고 엔조에게 조언을 구한다. 두 사람이 뜨거운 사랑을 나눈 밤, 자크는 어둠을 헤치고 바다로 나간다. 돌고래의 소리를 들은 것이다. 바다에 들어가 돌고래를 만나 황홀한 밤을 보낸다. 새벽녘에야 뭍으로 다시 나오는데 조안나는 밤새 그를 기다리며 지쳐 잠들어 있었다. 잠시 두 사람의 대화를 들어보자.

조안나: 잠수할 때 어떤 기분이 들어요?
자크: 추락하지 않고 미끄러져 떨어지는 느낌이야. 가장 힘든 건 바다 맨 밑에 있을 때야. 왜냐하면, 다시 올라와야 할 이유를 찾아야 하거든. 항상 그걸 찾는 게 너무 어려워.
조안나: 우린 서로 똑같은 문제를 안고 있네요. 당신 곁에 남을 이유를 찾는 게 너무 어렵거든요.

　　　　　　　　　　　　　　　　　　프리다이빙 산책

이날 상실감을 느낀 조안나는 뉴욕으로 떠나지만 결국 그를 못 잊고 돌아온다. 시칠리아에서 열린 세계챔피언대회에서 엔조는 세계 프리다이빙 기록을 경신하고, 자크는 다시 그 기록을 뛰어넘어 수심 121m(400ft)를 달성했다. 엔조는 의사의 만류에도 불구하고 자크의 기록을 경신하려다가 결국 인간의 한계를 넘게 된다. 가까스로 물속으로 올라왔지만, 의식의 절반은 바닷속에 잠겨 있었고, 친구인 자크에게 다시 바다 밑바닥으로 데려다 달라고 부탁한다.

엔조: 네 말이 맞았어. 저 아래가 훨씬 좋은 곳이더군. 부탁이야. 제
　　　발, 날 저곳으로 보내 줘.
자크: ······. (눈물)

자크는 눈물을 머금고 친구를 푸른 바다로 되돌려 보내 준다. 그날 밤 자크도 사랑하는 조안나를 남겨 두고 친구를 따라서 자신의 고향인 바다로 돌아갈 결심을 실행했다. 사랑했던 여인이 바다로 내려가는 장치의 버튼을 눌러주었고 바다 밑바닥까지 도착한 자크는 자신의 가족이라 여긴 돌고래를 만나게 되고, 그들과 함께 사라진다.

▲ 〈고래상어를 마주하며〉 자신이 사랑하는 사람보다 바다를 더 사랑한다는 것은 어떤 감정일 까? 돌고래 인간이 되어서 인간 세계를 떠난 이 영화의 마지막 장면은 오랫동안 여운으로 남는다.

커다란 감동과 여운을 남기는 명작, 그랑블루

감독은 어떤 메시지를 남기고 싶었을까? 영화를 보고 난 후에도 오랫동안 여운이 가시질 않는다. 거대하고 푸른 바다, 자연에 대한 경외심을 품은 인간이 바다의 밑바닥으로 돌아가는 것이 현실의 사랑을 선택하는 것보다 자연스럽다고 생각한 것일까? 혹은 그러한 선택이 불가피했다고 여긴 것일까? 직업인으로서의 다이버들은 바다에 대한 사랑이 남다른 것일까? 불쌍한 여주인공을 내세워 영화의 극적인 요소를 더하고 싶었던 것일까? 저마다 생각하는 바가 다를 것이다. 해석은 결국 영화를 보고 난 사람들의 몫이다.

"바다 끝까지 내려가면 바닷물은 더 이상 푸른빛이 아니고 하늘은 기억 속에만 있죠. 고요 속을 떠다니는 거죠."

자크의 목소리가 파도의 숨결이 스쳐 간 곳에서 메아리처럼 울린다.

3

거꾸로 진화하는 인간

"비장이 아파서 죽겠어!", "어제 텔레비전에서 봤는데 이 음식은 비장에 좋은 음식이래!", "어제 술을 많이 마셔서 혹은 과로를 해서 비장이 아리고 피곤하네!", "혈색이 안 좋은데 비장에 문제 있는 거 아니야?" 이런 종류의 이야기를 들어 본 사람이 있을까? 일반적으로는 거의 없을 것 같다. 의학이 눈부시게 발달한 21세기 들어서 비장의 효능과 기능에 관해서 연구가 활발해졌지만 1960년대만 해도 이 장기의 기능에 대해서 아는 사람은 거의 없었다.

태초의 신비를 간직한 장기, 비장

비장[41]은 포유동물들이 가지고 있는
장기로 순수한 우리말로는 '지라'라고
한다. 평소에는 잘 노출되지 않는 신비
한 신체 조직이다. 사람에게는 왼쪽 갈
비뼈 부분의 횡격막 바로 밑에 있는데
아이 주먹 크기로 약 100g 정도 나간다
고 알려져 있다. 비장은 신체의 면역력
을 활성화하며 림프구를 생성하고 저
장한다. 그뿐만 아니라 노후한 적혈구,
혈소판 등을 제거하는 역할도 담당하

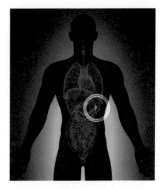

▲ 비장은 좌측 횡격막 아래에 있다.
아이 주먹만 한 크기로 피가 모여 있
는 주머니 같은 곳이다. (출처: 게티이
미지)

고 있다. 의학적으로는 일종의 림프절이라고도 불리는데 신체에 존재
하는 혈액의 약 10%를 보유하고 있다고 한다.

그렇다면 왜 비장은 신비의 장기로 불리는 것일까? 신체의 모든 장
기는 저마다 역할을 다 하고 있는데, 왜 유독 비장에 대해서만 특별한
관점으로 바라보는 걸까? 각종 질환이 생겨서 비장에 문제가 생기거
나 손상되면 현대 의학에서는 비장 제거 수술을 권한다. 비장이 없으

....

41)   왼쪽 신장과 횡격막 사이에 있는 장기.

면 면역력에 문제가 생기지만 심장이나 간, 폐가 없을 때처럼 살아가는 데 결정적인 문제가 발생하지는 않는다. 그렇게 필수적인 장기가 아니라면 비장은 왜 우리 몸에서 진화의 과정을 밟아 온 것일까? 20세기 후반부터 해양 포유류를 연구하는 과학자들에 의해 그 비밀이 조금씩 밝혀지고 있다.

한마디로 요약하면 비장은 퇴화한 장기다. 고래나 바다사자 등 바다 포유류들은 오랫동안 잠수하는 능력을 지니고 있다. 수 킬로 깊이에서 수십 분 이상, 심지어는 한 시간이 넘도록 물속에서 생존할 수 있다. 분명히 공기 중에서 폐로 호흡하는 동물들인데 어떻게 이런 능력을 발휘할 수 있는지 그 원인을 파헤치는 것은 과학자들에게 오랜 숙제였다. 이 동물들을 분석한 결과 일반적인 포유류에 비해서 비장이 두 배에서 많게는 서너 배 이상 크다는 것을 확인했다. 여기서 실마리를 찾아 나갔고, 그 비밀이 서서히 풀리기 시작했다.

수중 포유류들은 비장이 퇴화하지 않고 잘 발달하여 있다. 깊이 잠수하거나 체내에 산소가 부족해지면 비장에 있는 산소를 체내로 공급한다. 좀 더 자세히 설명하자면, 비장이 보유하고 있는 신선한 적혈구를 혈관을 통해서 체내로 보내게 되는 것인데, 이 적혈구 속에는 다량의 산소를 보유한 헤모글로빈이 있다. 수중에서 적응하고 진화한 동물들이 물속에서 오래 숨을 참는 것이 당연하다고 생각하겠지만, 그 이유를 생각해 보면 이런 원리가 작용하고 있었다. 마치 뉴턴이 떨어지는 사과를 보고 만유인력의 법칙을 발견한 것처럼 과학자들은 일상의 당연한 현상 속에서 원리를 찾은 셈이다.

수백만 년간 육지 생활을 하면서 진화한 인간은 비장의 기능이 현격히 퇴화하게 되었다. 간단한 수중 놀이나 스노클을 즐길 때 아무리 길어 봐야 10~30초 정도 호흡을 멈춰야 했을 뿐, 평소에 숨을 오래 참을 필요도 없었다.

▲ 〈거꾸로 진화하는 인간〉 인간의 몸에 불필요한 장기 하나를 떼어 내라고 한다면 비장을 언급하는 전문가들이 있다. 하지만 비장은 오랫동안 호흡을 참아야 하는 프리다이빙을 할 때, 없어서는 안 되는 꼭 필요한 장기다.

예전에 영국 BBC 방송의 다큐멘터리 한 원시 부족이 소개되었다. 이들은 오래전부터 인도네시아 북부와 필리핀 남부 지역인 술루해 지역에 사는 '바자우족'이었다. 이들은 수만 년 동안 바다를 떠돌아다니며 어업을 주로 하며 생계를 꾸려왔다. 몽골의 평야에서 풀이 많은 지역을 이동하면서 말을 키우며 살았던 육지의 유목민과는 다른 방식의 삶을 살아왔다. 바자우족의 아이들은 자신들이 처한 환경에 따라서 어릴 때부터 수중 생활을 경험할 확률이 매우 높다. 낚시하거나 사냥을 나갈 때 숲으로 나가는 게 아니라 통통배를 타고 바다로 나갔다. 아이들끼리 모이면 얕은 물에서 숨 참기 연습을 놀이 삼아 하였고, 청년이 되면 생계를 위해 바다에 나가서 잠수하고 물고기를 잡아야 했다. 이들의 숨 참기 능력은 자연스럽게 발달하게 되었다. 이러한 활동을 할 때마다 비장이 활발히 기능하였고, 그렇게 자주 쓰이다 보니 육지에서 99% 이상의 활동을 하는 인간들보다 비장의 크기가 점점 커졌다는 사실을 아마 이들도 몰랐을 것 같다. 진화론이라는 가설을 세웠던 찰스 다윈의 자연선택설(모든 생물은 환경의 조건에 따라서 선택적으로 진화된다)이 바로 여기에 적용되는 것이다. 실제로 과학자들이 바다 유목민 바자우족의 비장 크기를 측정해 보니 보통의 사람보다 2~3배가 더 컸다고 한다.

프리다이버가 생계 활동을 하려고 숨을 참는 것은 아니지만 자신과의 싸움에 도전하거나 취미를 즐기다 보니 일반인보다 호흡을 멈추게 되는 경우가 많다. 물속에서 더 깊이 더 오래 머물려고 하다 보면 어쩔 수가 없다. 이때 놀랍게도 비장이 활발히 작동하면서 몸속에 부족해진 산소를 공급해 주는 역할을 한다. 이제는 퇴화한 인체의 장기를 다시 소환해서 사용하는 것이다.

현재 사람이 순수하게 자신만의 능력으로 숨을 가장 오래 참을 수 있는 세계기록은 11분 35초다. 앞으로 프리다이버들이 점점 많아지고 물속 생활을 하는 인구가 늘어난다면 이 기록은 언젠가 깨질 것인데, 그 사람은 아마도 선천적으로 비장이 발달한 부모의 자식일 확률이 높을 것 같다. 부모가 훌륭한 프리다이버였거나 바자우족이었거나……이 두 부류의 인간들은 목적은 달리하지만, 물을 사랑하고 즐긴다는 점에서는 비슷한 면이 있다. 인류가 진화의 과정을 거꾸로 거스르게 된다면, 언젠가는 수백 미터를 잠수하고 수십 분의 시간을 호흡을 멈춘 채 바다를 즐길 수 있게 될까? 알 수 없는 미래에 대한 상상은 늘 즐거운 법이다!

4

해녀와 아마

『총, 균, 쇠』의 저자 제러드 다이아몬드에 따르면 일본 최초의 인간은 한반도 남쪽에서 이주했을 확률이 높다고 그의 책에서 추정했다. 물론 일본의 주류 역사학계에서는 이 같은 추론을 인정하지 않는다. 곰곰이 생각해 보면 섬나라에서 갑자기 인류가 생겨났을 리는 없고 한반도 동쪽이나 남쪽에서 어업에 종사하던 사람이 조난되어 떠밀려 내려갔거나, 내부 전쟁에서 패한 뒤 정치적 망명을 택해 섬나라로 건너갔을 확률이 높다. 물론 러시아 블라디보스토크나 중국이나 대만 등지에서 배를 타고 넘어갔을 확률도 있지만, 그 숫자는 소수일 확률이 높다. 중국과 일본의 거리는 조난당해 표류하기에 너무 먼 거리고, 러시아는 매우 추우므로, 사람들이 이동하면서 생존하기는 힘들었을 것으로 추정된다. 물론 일본의 가장 북단에 있는 홋카이도 정도라면 그나마 러시아와 가까워서 러시아인이 표류해서 정착했을 가능성도 충분

프리다이빙 산책

히 있기는 하다.

해녀의 다른 이름, 아마

우리나라 제주도의 해녀와 일본의 아마를 비교해 보자. 일본에서는 해녀를 아마(海女)라고 부른다. 두 나라는 인류무형문화유산에 등재되는 것을 놓고 서로 경쟁하기도 했는데, 2016년에 일본을 제치고 한국이 먼저 등록되었다. 그러나 솔직히 그 선후를 따지는 것은 무의미한 일이다. 일본의 왕인 아키히토(明仁, 재위 1989~2019)는 한국을 방문한 적이 있고, 2001년에는 일본의 간무왕이 백제인의 후손임을 인정한 바 있다. 그는 이렇게 말했다.

"제50대 간무 천황의 생모는 백제 무령왕의 왕자 순타태자의 직계 후손인 화신립(和新笠) 황태후입니다. 이 사실은 일본 왕실의 역사책 『속일본기』에 실려 있습니다. 그러므로 나도 한국과 혈연관계가 있습니다."

일본의 현재의 권력자인 아베는 정치적인 이유로 이 사실을 인정하려 하지 않지만, 역사는 바꿀 수 없는 사실 앞에 서 있다. 증거가 명백하고 제3국의 학자가 중립적인 입장에서 바라보아도 그렇다. 이런 점에서 나는 일본의 아마(海女)가 원조냐, 제주도의 해녀가 원조냐는 논쟁은 무의미하다고 생각한다. 우연한 기회에 인류가 이동하였고, 이때 문화도 함께 옮겨졌을 것이다. 그리고 그때부터 이동한 지역에서 적응하며 살다가 서로 다른 이름으로 불리게 된 것이라고 봐야 옳다. 단지, 그것을 한국은 '해녀'라 부르고 일본은 '아마'라고 부르는 것이다.

일본 도시바시의 바다 박물관 책자에 따르면 아무런 장비 없이 해산물을 채집하여 생계를 꾸려 나가는 사람들은 지구상에서 해녀와 아마밖에 존재하지 않는다고 한다. 일본의 아마는 전 열도에 걸쳐 2,000명 정도가 있는데 오사카시에서 북동쪽으로 태평양을 바라보는 곳에 위치한 미에 현(三重縣) 시마 반도에 가장 많은 수인 700여 명이 거주한다. 반면 한국은 해방 이후 1960년대에 해녀가 2만3천 명까지 늘어났으나 2016년으로 와서는 4천 명 정도로 줄었다고 한다. 물질이 그만큼 고되고 힘든 일이라는 증거다.

해양수산부 자료에 따르면 우리나라의 해녀는 『삼국사기』[42]에 처음으로 등장했다. 각종 역사 자료에서 해녀는 '진주 캐는 사람'으로 언급되어 있다. 해녀의 숫자나 역사적 증거를 살펴봐도 한국의 문화가 일본으로 넘어갔다는 가설이 설득력을 얻는다. 근대사회에서 국제적인

....

42) 1145년(인종 23년) 김부식 등이 조정의 명을 받아서 편찬한 삼국시대의 역사를 기록한 역사책. (출처: 한국민족문화대백과)

프리다이빙 산책

영향력은 우리나라보다 일본이 더 큰 까닭에 유럽이나 미국인들은 아마의 존재를 더욱 크게 인식했을 수도 있다. 예를 들면 자크 마욜은 중국과 일본에서 유년 시절을 보냈는데, 이때 처음 아마를 접하게 되었고 그들과 함께 물질을 경험했다고 한다.

▲ 〈해녀의 역사〉 우리나라의 해녀의 흔적은 천 년 전으로 거슬러 올라간다. 삼국시대에 이미 남해에서 생계를 위한 물질이 진행되었다. 어쩌면 더 오래전부터 얕은 물에서 물고기나 어패류를 잡는 행위들이 시작되었을 것으로 추정된다.

프리다이빙은 바다에서 수렵과 사냥을 하는 생존 문화에서 출발하였고, 스피어 피싱이라는 경쟁적 수중 활동을 하면서 현재의 스포츠 종목으로 자리 잡게 되었다. 한국과 일본이 생존을 위해서 물질을 아주 오래전에 시작했지만 산업혁명을 거치며 물질적 풍요를 먼저 누리게 된 유럽에서는 스피어 피싱이라는 대회 종목이 있었고, 이 과정에 엔조 마요르카 등 유명한 프리다이버들이 등장한다. 인류 최초로 수심 100m에 도전하고 한계를 극복한 사람들도 처음에는 20~30m 수심에서 레포츠로 즐기다가 점점 진지한 도전에 나서게 된 것이다.

제주와 일본의 해녀는 장비와 복장에서는 큰 차이가 없다. 제주의 해녀는 검은 슈트를 입지만 일본의 아마는 흰색 슈트를 입는다는 점이 다를 뿐이다. 물질하는 방법은 유사하면서도 조금 다르다. 한국의 해녀는 우선 들어갈 수 있는 수심에 따라서 상중하군으로 나뉘며 외갈고리 하나만 들고 홀로 작업을 한다. 개개인의 능력에 따라서 조과(釣果: 낚시로 고기를 낚은 성과)가 크게 차이가 난다. 물속 깊이 들어갈수록 많은 어자원이 남아 있을 확률이 높다. 일본에서는 위와 유사한 방법으로 잠수하는 것을 가치도(갓물질)이라고 표현하고, 다른 방식으로는 2인 1조가 되어서 한 사람은 배에 타고, 다른 한 사람이 어패류를 채취하면 배 위에서 끌어당긴다. 이들의 공통점이라면 고된 물질을 생업으로 하는 탓에 서로 간에 유대 관계가 강하다는 점이다.

프리다이빙 산책

바다의 새로운 친구를 찾습니다

　현재 한국에서는 해녀의 명맥이 거의 끊어지려 하고 있다. 따라서 지방자치단체에서는 무직자에게 맨몸 잠수 어업 면허를 발급해 주어 해녀, 해남으로서의 삶을 시작할 수 있도록 도움을 주기도 한다. 다만 자치단체에 따라서 허가를 받는 방법이나 절차가 다르므로 관심이 있는 사람들은 직접 발품을 팔아서 정보를 얻어야 한다.

▲ 〈산 그리고 바다〉 취미로 해루질을 하는 것과 달리 직업으로 물질을 선택하기란 여간 힘든 게 아니다. 수입도 일정하지 않을뿐더러 오랜 노동시간으로 인해 건강이 상하는 경우가 많다. 고령의 할머니가 된 해녀들이 아직 그 명맥을 이어 가고 있지만, 언제 우리 고유의 무형문화가 사라질지 아무도 예측할 수 없다.

최근 동해, 남해, 서해 가릴 것 없이 해루질이 유행이다. 해녀와 비슷한 방식으로 채집을 하지만 생계가 아니라 취미를 즐기기 위해 한다는 점이 다르다. 5년 전까지만 해도 활동상 제약이 거의 없었는데 최근에는 그 수가 급격히 증가하면서 잡을 수 있는 것과 없는 것, 포획물의 크기까지 법령으로 정하고 있다. 일반인들이 스킨 해루질을 하려면 적어도 프리다이빙을 배우고 안전하게 하는 것이 가장 중요하다. 또 어촌계에서 힘들게 삶을 꾸려 나가는 고령의 해녀들이나 어민들과도 원만한 관계를 유지하는 것이 자신의 취미를 즐기는 방법이다. 유네스코 인류무형문화유산으로 지정된 제주도와 전국의 해녀들이 오랫동안 건강하게 자신의 삶을 영위할 수 있기를 기대해 본다. 또한, 우리 고유의 문화를 계승하여 삶을 꾸려 나가는 젊은이들도 많이 생겨나기를 빌어 본다.

5

호핑투어

호핑(Hopping)은 우리말로 하면 이곳저곳을 뛰어다닌다는 의미다. 메뚜기들이 '홉홉' 하고 뛰어다니는 것을 본 적이 있는가? 호핑투어라는 신조어가 생긴 지도 오래되어서 다들 한 번쯤은 들어 봤을 것이다. 한국의 바다는 스노클링을 즐기기에 너무 차고 시야도 어두운 편이지만 적도 근처에 있는 동남아시아의 바다나 중남미의 바다는 이러한 활동을 즐기기에 안성맞춤이다. 한국이나 중국 일본은 동남아시아의 다른 국가에 비해서 경제적으로 부유한 편에 속한다. 당연히 이들 나라에서는 해외 관광에 대한 수요가 생겨났고 지리적으로 가까운 필리핀, 태국, 사이판 등지에 물속에서 즐길 수 있는 호핑투어들이 많이 생겨났다.

호핑투어의 천국, 필리핀 세부

필리핀은 무려 7천 6백여 개의 섬으로 이루어진 나라로, 인도네시아 북쪽에서부터 대만의 남쪽 바다에 이르기까지 넓게 펼쳐진 영토를 가지고 있다. 연중 내내 따뜻하고 파도나 조류도 약한 곳이 많아서 호핑투어를 즐기기에 안성맞춤이다. 게다가 인건비가 워낙 저렴하여 해양 스포츠를 즐기기에는 전 세계 어떤 곳보다 가성비가 뛰어나다. 이런 환경 덕분에 세부 막탄섬에는 수백 개의 호핑투어 숍과 한국인 다이빙 가게들이 즐비하다. 한국에서 예약만 하면 공항에서부터 픽업해서 전체 일정을 관리해 준다. 검증된 리조트 숙박, 식사, 해양 액티비티까지 모두 일체형 서비스로 즐길 수 있다. 한국 음식점도 하도 많아서 막탄 시내를 나가면 여기가 한국인지 필리핀인지 헷갈릴 정도다. 택시를 타면 기사들이 우스갯소리로 막탄의 절반은 한국인이라고 말한다.

2020년 초 발생한 코로나 사태로 수많은 숍들이 치명타를 입었을 것을 생각하면 마음이 좀 아프다. 다만 필리핀의 해양 생태계는 몸살에서 조금이나마 해방될 수 있을 것 같아 다행스럽다. 그동안 너무 많은 관광객이 몰리다 보니, 사실 막탄에서는 스노클링을 하기 아주 좋은 포인트들이 이미 어느 정도 파괴되었다. 어느 해변이나 쓰레기로 몸살을 앓고 있고, 산호는 많이 부서지고 없다. 하지만 그동안 관광 인프라

▲ 〈물속의 자유〉 필리핀은 관광지 어디를 가도 호핑투어를 즐길 수 있는 편이다. 해양 스포츠가 잘 발달해 있고 배를 가지고 있는 어민이 많이 있어 업체가 아닌 현지인들과 계약을 맺고 개인 배를 렌탈하여 다이빙 포인트로 들어가는 방법도 있다.

가 잘 형성되어 해양 체험 프로그램 외에도 이국적인 음식, 저렴한 봉사료의 마사지 서비스, 새로운 볼거리 등이 풍부하게 갖춰져 있다.

시간 여유가 있는 여행객이라면 세부를 거쳐서 다른 섬을 여행할 수도 있다. 불편한 진실이지만 사람들의 발길이 덜 닿은 곳일수록 자연이 살아 있다. 팔라완 지역의 코론, 엘니도섬도 꽤 유명해지긴 했지만, 여행지로서 방문은 추천할 만하다. 주머니가 다소 가벼운 여행객이라면 현지 어시장에서 알리망오[43]를 저렴하게 구매해서 근처 레스토랑에서 포식할 수 있다. 곧장 레스토랑으로 가서 알리망오를 시켜 먹어도 세부나 마닐라에 비하면 저렴하고 싱싱한 먹거리를 즐길 수 있다. 바다 빛깔도 너무 예뻐서 코론을 방문한 사람이라면 꼭 한 번 더 찾고 싶어 한다. 그러나 이곳도 산호가 아름다웠던 다이빙 포인트들이 점점 사라져 가고 있다. 한편 코론섬에서 좀 더 남쪽으로 내려오면 엘니도(El Nido)라는 섬이 있다. 공항에서 다이빙을 즐길 수 있는 호텔까지 이동하는 시간이 오래 걸려 아주 여유로운 유럽인들을 비롯한 서양인들이 주로 찾는 곳이다. 필리핀은 여행 정보가 이미 많이 알려졌지만, 주로 동양 사람들이 가는 곳과 서양 사람들이 가는 곳이 따로 있는 편이다. 한국 사람들은 리조트, 인프라, 식당, 편의 시설을 먼저 고려하는 반면, 자연을 탐험하는 여행에 익숙한 서양 사람들은 물가가 저렴하고 시골스러운 곳을 선호하는 편이다.

지리적 특성상 세부에서는 호핑투어가 매우 발달했다. 세부를 여러 번 방문한 사람이라면 호핑투어 여행 가이드 업체에 대해 이미 들어보았을 것이다. 이곳에는 수백 개의 호핑투어 업체들이 있지만, 한인 업체와 현지인들이 운영하는 업체의 투어 비용이 꽤 차이가 난다. 관광객들은 보통 비용을 좀 더 내더라도 한국 업체를 이용하는 편이다.

....

43) 필리핀 남부 지역에서 많이 잡히는 대게(Crab)의 한 종류.

여행을 짧은 기간 할 수밖에 없는 사람들에게는 돈보다도 소중한 시간을 낭비하지 않는 편이 더 중요하기 때문이다.

한국인들만을 상대로 하는 한인 업체는 한국인이 원하는 취향을 잘 알고 있어서 투어 진행 중에 다양한 서비스를 제공해 준다. 심지어 어린이를 데리고 온 부모를 위해 아이 돌보미 서비스도 제공하고 있어서 배에 탈 때부터 부모가 물속에 스노클링을 하러 들어갈 때까지 아이들을 맡아 준다. 인터넷상에도 검증된 후기들이 많이 올라와 있고, 프로그램도 투명하게 공개하는 편이다. 또한, 한국인들을 워낙 많이 상대한 현지 직원들이 짧은 한국어로 소통을 하고 눈치 빠른 직원은 관광객들의 눈빛만 봐도 무엇을 도와줘야 하는지 미리 알아서 움직이기 때문에 영어를 전혀 못 해도 걱정할 것이 없다. 여행을 즐기고 난 후 팁을 주는 것은 필수는 아니지만 보통 한인 가이드들이 조금 압박을 한다. 도움을 많이 받아서 고마운 마음이 들거든 소정의 금액을 팁으로 주면 된다. 그러면 고마운 마음도 표현할 수 있고 서로 웃으면서 헤어질 수 있으니 좋다. 대체로 200~400페소(한화로 5천 원에서 1만 원 정도)의 금액을 팁으로 준비하면 된다.

▲ 〈아포섬의 거북이〉 필리핀은 수천 개의 섬나라로 이루어져 있다. 조금만 알려지지 않은 섬으로 들어가면 야생 거북이를 만나는 것이 흔한 일이다. 낮에는 전기조차 들어오지 않는 작은 섬에서 거북이와 함께 촬영한 사진이다.

조금 더 색다른 호핑투어를 원한다면

그렇다고 해서 현지인 가이드가 운영하는 호핑투어가 나쁘다는 말은 아니다. 영어로 의사소통할 수 있고 발품을 팔 시간이 있는 여행객이라면 추천할 만하다. 잘 고르면 저렴하고 더욱더 즐거운 여행을 할 수도 있다. 예전에 열흘 정도 필리핀 북부의 코론 여행을 갔을 때 현지 투어 호핑을 예약한 적이 있다. 가이드가 첫날부터 아주 싹싹하게 이야기하고 도움을 주어서, 결국 다음 날 그 친구가 가진 작은 방카를 가지고 개인 투어를 가게 되었다.

거의 통통배 수준의 정말 작은 배였는데 6명 정도 끼어서 일렬로 탈 수 있었다. 그 배로 낚시도 하고 여기저기 이름 없는 작은 섬에 들러서 프리다이빙과 호핑을 즐기기로 했다. 가족 여행이라 두 살 먹은 아들도 배에 태웠다. 작은 섬에 도착해서 해안에 내리면 가이드가 모래 놀이를 하면서 아들과 같이 놀아 줬다. 부모가 없으면 아들이 울기도 해서 힘들었을 텐데 한 번도 내색하지 않고 웃으면서 끝까지 도움을 줬다.

또 계획에 없었는데도, 지나가는 통통배 어부의 배를 붙잡아 물고기 몇 마리를 100페소를 주고 산 뒤 무인도에 들어가서 가이드가 간단한 요리를 해 주었다. 생선구이와 야채와 레몬을 넣어서 만든 세비체 요리까지…… 특히 세비체 요리는 페루에서 유명한 요리인데 따뜻한 적도 지방의 나라 필리핀에서도 조리할 수 있다는 데에 놀랐다. 이처럼 현지 투어도 마음이 잘 맞는 가이드를 만나면 단체 투어에서는 불가능한 개인 일정에 완전히 새로운 경험을 할 수 있다. 7천여 개의 섬에도 속하지 않는 작은 무인도에 들어가서 해수욕을 하고 스노클링을 즐길수도 있다. 아이와 함께 했지만 보모 역할을 자처하는 가이드 덕분에 마음 편히 일광욕을 즐길 수도 있다. 그러니 시간이 넉넉한 젊은 관광객들은 실패를 무릅쓰고라도 한번 도전해 보기를 권한다. 여행이란 예측하지 못한 상황을 극복하는 데서 느끼는 즐거움도 큰 법이다.

6

고래상어

고래상어는 고래일까? 상어일까? 이름만 들으면 헷갈리기에 십상이다. 학창 시절에 생물 시간에 배웠지만 잊어버리고 있었던, 생물 분류체계(식물학자 카를 폰 린네의 분류법에 따르면 '역계문강목과속종'에 속한다)에 따르면 고래상어는 고래상엇과 고래상어목의 유일한 종이다. 사람에게 발견된 고래상어 중 최대 크기는 18.8m, 무게는 21.5t까지 나갔다고 한다. 남극과 북극을 오가며 생존하는 혹등고래급으로 엄청난 크기이다. 70년을 살 수 있고 주로 따뜻한 적도 지방의 열대 바다에서 서식하고 있다. 입이 아주 커서 처음 보는 사람들을 놀라게 하는데, 작은 물고기나 플랑크톤을 주식으로 하므로 혹시라도 잡아먹힐까 봐 걱정하지 않아도 된다. 고래상어는 어류 중에서는 가장 큰 물고기에 속하지만 대개 10m 미만의 고래상어가 발견된다. 그러나 고래도 물고기인데, 더 크지 않느냐고 의문을 가진 분들이 있을 것 같다. 그래서 여기에 대해서 좀 더 살펴보겠다.

고래상어는 고래와 상어의 교배종일까?

고래와 상어를 구분하는 큰 특징이 있다. 고래는 포유류에 속한다. 우리가 프리다이빙을 하면서 배우게 되는 MDR(Mammalian Dive Response) 반응은 바로 포유류 잠수반응을 말한다. 포유류에게는 비장이 존재하고, 새끼를 낳을 때 알이 아닌 자궁에서 수정하며, 탯줄을 이용해서 일정 기간 새끼를 키우다가 만삭이 되면 출산을 한다. 사람과 고래는 이러한 방식으로 종족 번식을 하므로 크게는 같은 포유류로 분류되곤 한다. 또 젖을 먹여서 육아하는 점도 같다. 그래서 고래는 과거에 육지 동물이었다가 바다로 들어가서 진화에 성공한 동물로 추정되곤 한다. 고래의 몸집이 어마어마하게 커질 수 있었던 이유는 풍부한 먹이를 먹고 수중 생활을 하면서 중력의 무게를 이겨 내기 위해 진화되었기 때문이라고 추정된다.

상어는 알에서 부화한다. 다만 특이한 점은 난생이 아니라 난태생 방식의 종족 번식을 택하고 있다는 점이다. 난생은 어미가 알을 낳고 그 알을 일정 기간 품어서 새끼가 태어나는 방식이다. 닭이나 오리 등 조류는 난생한다. 그렇다면 난태생이란 대체 무엇일까? 태생과 난생의 중간 형태라고 짐작이 된다. 상어는 배 속에 알을 가지고 있다. 알에서 수정은 되지만 태반을 가지고 있지 않아서 엄마 상어의 영향을 받는 것이 아니라 알의 영양분을 먹으면서 자라고 나올 때는 엄마의 몸속에서 알껍데기를 벗고 세상 구경을 하게 된다.

결론을 내리면 고래상어는 그 크기로만 보면 고래와 같고, 생식 방식으로 분류하면 어류, 즉 상어에 속한다. 이런 상어를 직접 볼 수 있

▼ 〈오슬롭의 고래상어〉 필리핀 세부섬 아래에 있는 오슬롭에 가면 고래상어와 함께 하는 호핑 투어를 즐길 수 있다. 원주민들이 수년간 먹이를 주면서, 야생 고래상어를 아침마다 해안가로 불러들이는 데 성공했다. 아주 짧은 시간에 엄격하게 고래상어와 프리다이빙을 할 수 있는 기회를 얻는다. 인생 사진을 남기고 싶다면 수중촬영 작가와 함께 가기를 권한다.

을까? 생각보다 쉽게 볼 수 있다. 고래상어는 특정 시기마다 먹이를 먹기 위해 얕은 해안으로 모여드는 습성이 있다. 필리핀의 유명한 관광지 오슬롭의 원주민들은 이 특징을 빨리 파악하고 오래전부터 이들에게 먹이를 주기 시작했다. 언제부터였는지는 아무도 기억하지 못하지만, 그 과정이 반복되자 아침마다 고래상어가 하나둘씩 해안으로 모여들기 시작했다. 원주민들이 타고 다니는 방카라는 배는 동력과 무동력으로 구분되는데, 이들은 고래상어의 신경을 거슬리지 않게 하려고 노를 젓는 배를 타고 가까운 해안에 나가서 먹이를 주고 있다. 고래가 많아진 요즘은 바다 환경을 보호하기 위해서 여전히 무동력 보트를 사용하고 있다.

너 혹시 고래상어랑 사진 찍어 봤니?

오슬롭은 전 세계에서 고래상어를 보기 위해서 수많은 관광객이 몰리는 유명한 관광지가 되었다. 배를 타고 들어가고 나오는 시간까지 포함해서 30분가량에 1,000페소, 우리 돈으로 25,000원가량을 내면 투어에 참여할 수 있다. 구명조끼를 입고 스노클링을 하는 사람이 대부분이지만 프리다이빙을 배운 사람이라면 자유롭게 깊이 들어가서 고래상어와 마음껏 헤엄칠 수 있다. 30분이란 시간이 정말 짧게 느껴지는데,

2만 원 정도를 더 쓰더라도 한 번 더 배를 타고 나오는 것도 추천해 본다. 한국에서 막탄 공항까지 가야 하고, 거기서 또 차를 타고 3시간 이상 걸려서 도착한 곳에서 겨우 30분 투어하고 발길을 돌린다는 것은 아주 허전한 일이다. 고래상어와 수영하는 유쾌한 경험을 하려면 꼭 프리다이빙을 배우고 갈 것을 추천한다. 함께 간 일행이 강사이거나 상급 프리다이버라면 사진을 찍어 달라고 부탁해 보라. 사진 찍는 기술이 어지간한 사람이라면 본인의 인생샷을 건질 수 있을지도 모른다.

고래상어는 세부에만 사는 것은 아니다. 아주 최근에 필리핀 보홀에서도 고래상어 사육에 성공했다. 개체 수는 오슬롭에 비해서 월등히 적지만, 꾸준히 몇 마리가 연안으로 올라오는 탓에 투어 프로그램이 만들어졌다. 세계적으로는 남아프리카공화국의 남쪽과 동쪽, 중남미의 벨리즈, 온두라스, 그리고 멕시코 유카탄 반도 연안에서도 발견된다. 또 인도네시아와 아라비아해, 오만 지역의 섬에서도 폭넓게 서식하는 편이다. 고래상어가 자주 출몰하는 지역에서는 투어 프로그램이 잘 만들어져 있다. 지구 온난화의 영향으로 2012년부터는 한국의 제주도 해안과 동해안에서도 가끔 출몰하고 있다. 물속에서 이 거대한 생명체를 처음 본다면 너무 놀랄지 모르니 조심스러움 반, 설렘 반으로 바다를 탐험해 보길 권한다.

〈고래상어 배 아래서〉 고래상어 배 아래를 유영하면서 사진을 찍는 것은 유쾌한 경험이다. 평소에 볼 수 없었던 각도의 시야를 카메라 렌즈에 담으며 대자연의 위대함을 피부로 느끼는 순간이다.

7

바다의 신, 글로코스(Glaucos)

바다의 신은 누구일까? 서양 사람들에게 물으면 포세이돈, 한국 사람들에게 물어보면 용왕이라고 대답할 것이다. 둘 다 우리에게 익숙한 신들이지만 사실 그리스 로마 신화에 나오는 바다의 신은 포세이돈만 있는 게 아니다. 선원과 어부들을 구하는 예언의 신 '글로코스'가 있었다.

◀ 〈이스터섬 전통 석상〉 남태평양 폴리네시아 동쪽 끝에 있는 이스터섬에서 찍은 전통 석상 사진이다. 모아이 석상으로 더 유명한 곳인데, 이곳에 살았던 라파누이(Rapa Nui)족은 족장이 되기 위해 거친 파도를 뚫고 더 작은 섬으로 들어가 새의 알을 가져오는 테스트를 거쳐야 했다. 이때 이들은 글로코스 신에게 제사를 지냈을지 모른다.

불멸의 인간, 바다의 파수꾼 글로코스

아주 옛날 하늘과 땅이 열리고 신들이 살고 있을 때, 지중해의 왕은 제우스였다. 그는 아버지 우라노스를 감옥에 가두고 왕이 되었고, 현재까지도 가장 유명하고 강력한, 신들의 왕으로 인정받고 있다. 그의 형제 포세이돈은 형이면서 동시에 신하이기도 했는데 바다를 관장하는 신이 되었다. 여기까지는 우리가 잘 아는 이야기이다. 이후 프로메테우스가 인간을 만들어 세상에 신과 인간들의 영역이 구분되었고 하늘과 자연의 높은 곳은 신들이 다스리고, 낮은 땅에서는 인간들이 살아가게 되었다. 원시 부족들은 식량이 풍부한 바닷가 근처에서 생계를 꾸리며 살았다. 이들은 환경적 조건에 따라서 어부가 되거나 어업에 관련한 일에 종사하였다.

그러던 어느 날 지중해의 어느 시골 마을에 글로코스(Glaucos)라는 아이가 태어났다. 그는 아주 평범한 유년기를 보냈고, 성년이 되면서 아버지를 따라 자연스럽게 어부가 되었다. 그리스 로마 신화에 따르면 그는 평소처럼 고기를 잡으러 바다에 나갔는데, 우연히 죽어 가던 물고기가 어떤 약초를 먹고 다시 살아나는 것을 발견하게 되었다. 그 광경을 신비하게 여겨 약초를 집으로 가져온 뒤 스스로 먹어 보았다. 그 결과 그는 불사신이 되었고, 몸에는 지느러미가 생겨나고 다리는 물고기의 꼬리가 생겨서 마치 인어처럼 변하게 되었다. 물고기 인간이 된 것이다. 그때부터 그는 바다에서 살게 되었고 신들의 세계에서는 논쟁이 있었지만, 바다를 관장하던 신들인 오세아누스와 테티스가 그를 자신들의 세계로 받아들이기로 하고 예언 능력도 가르쳐 주었다.

▲ 〈이스터섬의 모아이 석상〉 세계 7대 불가사의로 꼽히는 칠레 이스터섬의 모아이 석상이다. 거친 파도를 온몸으로 견디며 꿋꿋이 서 있다. 섬 전체에 걸쳐 600개 정도가 남아 있다고 하는데 100개 정도는 눈으로 확인할 수 있다. 이 석상을 왜, 언제, 어떻게 제작했는지 정확히 아는 사람은 현재까지 아무도 없다.

프리다이빙이 아직 잘 알려지기 전인 2004년에 일본의 아키오 타카나카라는 작가는 글로코스와 프리다이빙이라는 주제로 4권짜리 장편

만화책을 출판하였다. 그러나 인기가 없어서 금방 단종되었고, 현재는
e-Book으로만 볼 수 있다. 16년 전에 프리다이빙을 알고 있었던 한국
인은 극소수였을 것 같다. 스노클링과 해루질도 일반화되지 않았던 시
절이었으니까 말이다. 한국에 공식적으로 프리다이빙이 들어온 해가
2010년이니 이제 겨우 10년밖에 지나지 않았다.

  만화책은 넘기는 맛이라 몇 년 전 인터넷 중고서점을 통해서 아키오
타카나카의 만화책을 어렵게 구해서 읽어 보았다. 주인공은 시세와 그
를 좋아하던 여자, 그의 주치의를 자처했던 하루카라는 인물이었다.
폴리네시아 지역의 바다에서 돌고래가 물 위로 떠밀어 올려 주어 생명
을 구하게 된 시세는 선천적인 다이빙 능력을 갖추고 있었다. 그리고
한때 세계 다이빙 챔피언이었던 은퇴한 마스터 클로드가 우연히 그의
스승이 되었다. 주인공 세 명의 인생이 얽히며 이야기가 전개되고, 다
이빙 훈련을 하면서 겪는 온갖 추억과 위험한 순간들을 겪으면서 하루
카는 시세를 사랑하게 된다. 하지만 사랑이란 원래 그런 것인지, 시세
도 하루카를 좋아하긴 했지만 바다를 더 사랑했다.

  바다에서 태어난 사나이, 바다가 집보다 편안하고 돌고래를 친구로
둔 남자. 어쩌면 당연히 그럴 수밖에 없었을지도 모른다. 10대 소년이
었던 시세는 지나치게 경쟁심에 불타오른다는 약점이 있었다. 아버지

의 병을 치료할 수 있는 돈을 벌게 해 준다는 조건으로 세계최고기록
인 90m의 벽을 넘기 위해 위험한 스폰서와 손을 잡았고, 하루카를 떠
나게 된다. 그는 실종된 후 1년이 넘어서 돌아왔지만 아무도 기억하
지 못하는 상태였다. 다만 하루카에 대한 따뜻한 느낌만은 마음속 깊
은 어딘가에서 느끼고 있었다. 그는 스폰서와의 계약을 이행하기 위해
No limit 종목, 수심 200m에 마지막으로 도전하게 된다. 그는 바다 밑
바닥까지 무사히 내려갔지만 결국, 올라오는 것을 스스로 포기하고 원
시의 자연으로 돌아가게 된다. 오, 이건 데자뷔인가? 마지막 장면은 어
디선가 많이 본 것 같다.

이미 눈치챈 독자도 있겠지만, 1988년에 개봉한 영화 〈그랑블루〉의
마지막 장면과 비슷하다. 영화의 주인공 자크 마욜도 바다를 미친 듯
이 사랑했고, 결국 현실도, 인생도, 연인도 포기하고 바다 밑바닥에서
돌고래 친구들을 만나서 따라간다. 두 이야기의 공통점은 두 남자는
누구보다 바다를 사랑했고, 자신을 가장 사랑하는 여자를 단념하면서
까지 자신의 고향으로 돌아갔다는 것이다. 인간으로서 근원에 대한 강
한 호기심과 대자연을 마주하는 순간 완전한 자유를 누리고 싶은 욕망
때문에 생명의 근원인 바다로 돌아간 것이다.

바다의 신, 글로코스에게도 사랑하는 여인이 있었다. 바다의 님프였

프리다이빙 산책

던 실라를 사랑했지만, 그녀는 물고기같이 생긴 글로코스를 보고는 겁을 먹고 육지로 도망쳐 버렸다. 글로코스는 마녀를 찾아가 실라가 자신과 사랑에 빠질 수 있게 해 줄 물약을 요청했다. 하지만 결과적으로 마녀가 글로코스를 사랑하게 되었고, 그는 그녀를 받아들이지 않았다. 질투와 복수심에 불탄 마녀는 실라가 목욕하고 있는 곳에 독약을 넣어서 아름다운 님프 요정을 끔찍한 여섯 개의 발을 가진 거대한 괴물로 변신시키고 말았다. 바다를 사랑하는 것은 매혹적이기도 하지만 그만큼 또 위험하기도 하다는 암시 같다. 불멸의 인간이 되어 신의 영역에 사는 글로코스가 아직도 살아 있다면 자신이 사랑하는 사람을 다시 찾게 되었을지 궁금하다. 어쩌면 사랑 따위는 인간이 품는, 순간적이고 사사로운 감정일지 모른다. 우리는 신이 되거나 돌고래의 친구가 되어 바다로 진화한 새로운 인간을 멀리서 바라볼 뿐이다.

8

갈라파고스의 물개들

- 중남미 에콰도르 갈라파고스 제도 -

"버려진 섬마다 꽃이 피었다."

김훈의 소설『칼의 노래』의 첫 문장이다. 이순신 장군이 전라도 지방에서 열두 척의 배를 이끌고 나라를 지키려는 숙명 같은 싸움을 시작하는 대목인데, 가히 천재적인 표현이다. 이 한 문장을 읽어 넘기며 마지막 한 장까지 손을 놓을 수 없었던 기억이 난다. 버려진 섬에 피어난 꽃은 어떤 모습일까?

◀ 〈갈라파고스 물개〉 잠자고 있는 모습이다. 몇 년 전 일이지만 이 녀석이 재롱떠는 모습이 아직 눈에 선하다. 인간과 물개 사이의 거리는 얼마나 되는 걸까? 한 걸음일까, 한 갈퀴일까?

프리다이빙 산책

오랫동안 그려 왔던 갈라파고스에 도착하다

기내에서 곧 갈라파고스에 도착한다는 안내 방송을 했다. 서둘러 창 밖으로 시선을 던졌다. 비행기를 몇 번 타 본 사람이라면 누구나 안다. 통로의 자리를 골라서 타는 것이 편안한 여행을 할 수 있는 하나의 요령이라는 것을…… 이날은 역사적인 갈라파고스의 섬을 하늘에서 먼저 보고 싶어서 특별히 창가 자리를 요청해서 앉았다. 드디어 화산암으로 뒤덮인 검은 섬들이 눈앞에 나타났다. 그런데 예상치 못하게 한 반도 남쪽의 섬들이 생각났다. "버려진 섬마다 꽃이 피었다." 김훈은 임진왜란이 터졌을 때의 어지러운 조선의 상황, 외로운 이순신의 싸

▼ 〈창공의 군함조를 바라보며〉 갈라파고스 하늘에는 군함조가 날아다녔다. 갈라파고스에 와서 처음 이틀 동안은 하늘을 자세히 관찰하고, 파도 소리를 들었다. 공연히 벤치에 누워서 공기 중에 섞여 있는 파도 냄새를 맡았고, 책을 읽다가도 검은 돌 위를 옆으로 걷는 게 발걸음 소리에 귀를 기울이기도 했다.

움을 은유적으로 비유하였지만, 아이러니하게도 당시 붉은 진달래꽃이 만개한 섬은 버려진 섬이라 할지라도 생명은 아름답게 그대로 피어오를 수 있었다. 배고프던 민족이었던지라 진달래꽃이 피기 무섭게 그 잎을 따 먹던 시절이니 말이다. 나는 어린 시절, 배고파서가 아니라 어린 시절 아버지의 배고팠던 추억을 느껴 보기 위해 그 진달래 꽃잎을 따서 맛본 적이 있었다.

태평양에 있는 작은 섬들의 모임. 약 200백년 전 비글호를 탔던 20대의 젊은 다윈이 다녀간 뒤로 갈라파고스 제도는 전 세계인의 99.99%가 아는 유명한 섬이 되었다. 이 작은 섬에는 연간 40만 명의 관광객이 다녀간다고 했는데, 전 세계 인구 비율로 치면 0.01%가 못 된다. 45억 년 지구 나이를 100으로 친다면 지구 역사의 99.999996%에 해당하는 시간 동안 인간으로부터 버려져 있던 섬. 어쩌면 인간을 멀리하고 있었던 섬. 이곳에 도착한 날, 감개무량했다. 다윈의 발자취를 되새김하기에 이보다 적당한 장소는 없다고 생각해서 두께가 베개만 한 찰스 다윈의『종의 기원』을 가지고 왔다. 요약본이나 해석본은 읽을 기회가 있었지만, 원본에 가까운 책을 읽기는 처음이었다.

처음 이틀 동안은 한 일이 없었다. 아니 일부러 아무 일도 하지 않았다. 겨우 한 것은 벤치에 앉아 하늘을 넋 놓고 바라보는 일과 바다의 소리를 들으며 인간이 태어난 곳을 생각하는 일이었다. 햇살이 넉넉한 오후에는 해변에 누워서 공기 중에 있는 파도의 냄새를 맡았다. 파란 하늘에는 구름 한 점 없었다. '이곳은 구름도 오지 않는 외딴섬이구나.'라고 생각하는 순간, 군함조 한 마리가 날개를 펴고 하늘을 유영했다. 날갯짓 없이도 하늘을 날 수 있는 그가 부러웠다. 태어나서 처음 본 군함조, 이 종의 수컷은 턱에서 가슴 아래까지 붉은빛이 도는 식도를 가지고 있는데, 교미할 시기가 되면 이것을 부풀려서 구애한다. 이것의 크기에 따라 암컷이 짝을 선택한다고 하니 역시 신기한 일이다. 해가 질 때까지 바람 속의 공기, 파도의 포말에 섞여 날리는 바닷조개와 해초의 향기, 손가락 사이로 흩어져 내리는 해변의 모래알, 하늘에 지나가는 군함조를 세어 보면서 시간을 보냈다. 이렇게 자연과 소통하는 순간이 소중하게 느껴졌고 뭉게구름에 실려 지나가는 시간이 안타까웠다.

어둠에 백기를 들고 해가 바다로 떨어진 뒤의 항구 모습은 낮과는 정반대였다. 나는 갑자기 달라진 세상의 변화에 적응하기 위해 밤바다의 형상을 상상하며 온 신경을 집중해서 파도를 더듬었다. 이 급격한 변화는 말로 표현하기 어렵다. 굳이 설명하자면 미야자키 하야오 감독의 〈센과 치히로의 행방불명〉에서 나왔던 낮과 밤의 모습이랄까. 갑자기 방파제에 사람들이 몰려들었다. 선착장에 낮보다 많은 사람이 북적이는 것이 신기했는데 알고 보니 상어 떼가 모여든 것이었다. 사람들은 이 진귀한 구경을 하고 싶었던 것이었다.

　갈라파고스가 아무리 대자연의 보고(寶庫)라고는 하지만 배가 드나드는 항구에 상어 떼가 들어오다니, 마법의 섬이 아니고서야 상상을 뛰어넘는 일이었다. 바다에 나갔다가 돌아오는 배들을 위해 설치된 빛을 보고 고기 떼가 모여들었고 작은 물고기 사냥꾼들인 상어와 펠리컨이 때를 놓치지 않고 출동한 것이다. 한때는 같은 바다에서 태어난 이 생명이 다시 바다를 터전으로 자신의 삶을 이어 가고 있는 것을 보니 안과 밖의 경계가 없어서 계속 처음 왔던 자리로 돌아가는 뫼비우스의 띠가 생각났다.

▲ 〈갈라파고스의 펠리컨〉 갈라파고스의 산타크루즈 선착장에 앉아 있는 펠리컨. 불빛을 보고 모여드는 물고기를 잡아먹으려고 신경을 집중하고 있다. 1m 가까이 접근해서 사진을 찍는데도 눈길 한번 주지 않는다. 동물을 괴롭히는 사람들이 없는 이곳의 평화를 처음 느끼는 순간이었다.

　　　　　　　　　　　　　　　　　　　프리다이빙 산책

갈라파고스의 명물이 된 어시장의 물개 Show!

  동물원에 흥미를 잃은 지는 오래되었다. 어릴 적에는 깨닫지 못했지만, 나이가 들면서 불쌍한 동물을 가둬 놓고 키운다는 것이 마음에 들지 않았기 때문이다. 갈라파고스에는 물개를 동물원에서처럼 볼 수 있는 곳이 있다. 그런데 사람이 인위적으로 만든 것이 아니라 물개들이 스스로 찾는 장소이다. 바로 산타크루스섬의 어시장이다. 이곳에서는

▲ 〈어시장의 물개〉 허기진(?) 물개가 어시장에서 파는 고기 조각이나 껍질을 얻어먹으려고 머리를 기웃거리고 있다. 그 모습이 얼마나 귀여운지 물고기를 사서 먹여 주고 싶었지만, 야생 동물에 식량을 나눠 줄 수 있는 권한은 오직 아주머니에게만 있었다. 마치 포도송이 같은 물개의 눈을 보라. 제아무리 돈을 버는 것이 목적인 아주머니이지만 물고기를 나눠 주지 않고 버틸 수 있을까? 나라면 어려울 것 같다.

시장이 열리기를 기다리는 물개들이 낮잠을 자거나 사람들에게 무료로 사진 모델이 되면서 살아가고 있다. 일요일을 제외하고 배가 들어오는 저녁 5시에서 6시 사이에 어시장이 열렸다. 물개들은 이때 남는 물고기 조각을 받아먹기 위해 죽치고 기다리고 있는 것이었다. "물속의 고기를 사냥해 먹으라고!" 이렇게 외쳤지만, 이 녀석들이 알아들을 리는 만무했다.

▲ 〈갈라파고스 물개〉 갈라파고스 제도의 대표적인 섬인 산타크루스뿐만 아니라, 이사벨 섬에는 더욱더 많은 물개가 살고 있다. 상대적으로 사람들의 발길이 덜 닿는 곳이기 때문이다. 물개 세 마리가 인도로 올라와서 일광욕을 즐기고 있다. 카메라의 셔터를 눌러 대니 이상한 사람이 자신들을 귀찮게 한다는 듯이 실눈을 뜨고 나를 쳐다본다. 눈을 마주치는 순간이 짜릿했다. 물개와 교감을 할 수 있다니!

프리다이빙 산책

▲ 친구 물개 한 마리가 자꾸 등에 올라타려고 한다. 푹신한 느낌이 좋은 모양이다. 그런데 밑에 있는 물개는 그게 영 신경이 쓰이는지 일성을 질러서 저리 가라고 쫓아내는 장면을 운 좋게 카메라에 담았다. 입 벌린 물개의 모습. 귀여운 녀석! 한번 쓰다듬어 주고 싶었지만, 이곳에서는 동물을 만지는 것조차도 금지되어 있으며, 모든 사람이 법을 잘 지키고 있다.

어시장에서 정신없이 고기를 받아먹는 물개 사진을 찍고 있는데, 10살이 조금 넘어 보이는 앳된 소녀 한 명이 내게 말을 걸어왔다. "스페인어 할 줄 알아요?" 그 소녀는 60세쯤 되어 보이는 노인의 손을 잡고 있었다. 나는 "응, 조금 할 줄 알아. 그런데?"라고 답했다. 알고 보니 그 노인과 소녀는 부녀지간이었다. 그들은 에콰도르 숲속에 사는 인디언들인데 연로한 아버지가 딸의 생일을 맞아 갈라파고스를 꼭 보여 주고 싶어서 데려왔던 것이었다. 물가가 비싸서 저녁을 직접 해 먹으려고 물고기를 사러 왔다고 했다. 중남미 문화의 장점 중 하나는 금방 친구가 된다는 것이다. 나는 저녁 초대를 받았고, 빈손으로 가기가 멋쩍어

어제 호텔 주인 아들에게서 선물 받은 저렴한 와인 한 병을 들고 저녁 시간에 그들을 찾아갔다.

갈라파고스에서 육지의 과일 향을 실은 바람을 만나다

이 여자아이의 이름은 와이라(Waira)였고, 아빠의 이름은 탁소(Ta xo)였다. 인디언 언어로 와이라는 바람, 탁소는 과일을 의미한다고 했다. 자연이 그대로 사람 이름이 되다니 놀라웠다. 갈라파고스에서 우연히 만난 바람 중에 가장 감

▲ 이제 곧 12살이 될 인디언 여자아이. 남아메리카 인디언 언어인 케추아어와 스페인어를 할 수 있다고 했다. 어찌나 살갑게 묻고, 정겹게 이야기하던지 이런 딸이 있는 60살 된 인디언 아버지가 갑자기 부러워지기 시작했다.

동적인 펄럭임이었다. 과일의 향기를 이끄는 바람이라니. 여행이란 게 행운이 더해져서 그 맛이 더해지는 것이라지만, 이들과 만남은 순수한 흥분 자체로 내게 다가왔다. 이틀 동안 대지에 몸을 붙이고 찾아다닌 그 바람을 드디어 찾은 것 같았다. 잠시 후, 부엌에서 쌀과 직접 재배했다는 인디언 콩, 시장에서 산 생선으로 만든 요리가 쟁반에 담겨 나

왔다. 이들과 보내는 시간이 너무 즐거워서 밥을 먹고 난 후에도 자정까지 마을을 함께 걸었다. 다음 날 다시 보자는 약속을 하고 숙소로 돌아왔는데, 그것이 마지막이 될 줄은 정말 몰랐다. 와이라에게 한국에서 가져온 필통과 한글이 적힌 볼펜을 미리 선물해 준 것을 다행으로 생각했다.

다윈의 갈라파고스, 갈라파고스의 다윈

3일 차에 본격적으로 섬을 둘러보기로 했다. 길에서 우연히 만난 에콰도르 남녀 커플이 공짜로 가이드를 해 주겠다고 나선다. 이렇듯 혼자 하는 여행은 늘 운이 따르기 마련이다. 에콰도르에서 갈라파고스에 돈을 벌러 온 친구들인데, 외국인에게 참 친절하기도 했다. 처음 찾아간 곳은 중심가에서 40분 정도 걸어서 도착한 거북이 해변이었는데 국립공원을 거쳐 가야 했다. 길에는 100년도 넘게 살았다는 선인장이 즐비하게 서 있었다. 갈라파고스는 어딜 가든지 마법 같은 자연의 길이 열려 있었다.

한국어로는 참샛과에 속하는 이 작은 새는 스페인어로는 '삔손'이라고 불리며 다윈이 진화론을 쓰게 된 계기 중의 하나가 되었다. 핀치 한

▲ 〈핀치새 무리〉 해변의 풀숲에서 사는 수많은 핀치새. 사람이란 개념을 몰랐던 180년 전의 일은 잊고 이제는 사람과 친구가 되어 있었다. 그 시절만 기억하고 왔던 나는 왠지 어색한 느낌마저 들었다.

마리가 내 손 위에 올라와 앉았다.

다윈이 갈라파고스를 찾았을까, 갈라파고스가 다윈을 발견했을까. 역사에 반복이란 없다지만 다윈이 아니더라도 인류는 진화론을 발표했을 것이다. 다윈이 살던 시절 영국을 비롯한 세계의 수많은 자연학자와 박물학자들이 진화론의 기초가 되는 증거들을 수집하고 있었기 때문이다. 유럽의 중세는 절대적인 교회의 권위에 짓눌려 사상과 정치적 자유가 제한되던 시기였기 때문에 일명 '암흑의 시기'라고도 불린다. 그러나 수많은 지식의 생명이 유럽의 중세 천여 년의 알을 깨고 나오기 위해 움트고 있었다. 행운아 다윈은 비글호에 승선하는 기회를 우연히 얻어 갈라파고스에 갈 수 있었고 영국으로 돌아간 후에도 수십 년간 갈라파고스에서 수집한 자료들을 모아 책을 발간하게 되었다.

잘 알려지지 않은 사실이지만, 다윈은 원래 신학자가 되기 위해 대학을 다녔고, 젊은 시절 창조론을 주의 깊게 읽었다고 한다. 비글호에는 원래 타기로 되어 있던 사람이 사정이 생겨서 대타로 승선한 것이다. 이렇듯 인류가 위대한 인물을 만든 건 우연히 이루어졌다고 해도 과언이 아니다. 다윈은 말년에 이르러 성경의 내용을 오래된 편견 같은 이야기로 생각했지만, 당시 사회적 분위기를 고려해서 그의 책에는 자세히 언급하지 않았다. 그 후로 오랜 세월이 흘렀다.

1835년 26세의 다윈은 비글호에 승선한 지 4년 만에 갈라파고스 제도에 도착했다. 젊은 다윈도 순수했지만, 이곳에 사는 생명은 더욱 순수했다. 핀치에 얽힌 한 일화가 있다. 그가 도착했을 때 인간을 처음 접한 생명 '핀치'는 어떻게 대응해야 할지 몰랐다. 상상해 보라! 진화의 과정에서 없었던 종이 갑자기 섬에 들이닥쳤다면 여러분은 어떻게 했을까? 새는 다윈이 손을 뻗어 자신의 몸통을 잡을 때까지 움직이지 않았고 다윈은 손쉽게 그들을 채집할 수 있었다. 갈라파고스의 동물들은 사람이 자신들을 해치지 않는다는 것을 '자연선택'[44]을 통해서 습득해 왔기 때문에 어떤 사람이 다가가도 매우 놀라거나 도망가지 않는다.

....

44) 자연계에서 그 생활 조건에 적응하는 생물은 생존하고, 그러지 못한 생물은 저절로 사라지는 일. 다윈이 도입한 개념이다. ≒ 자연도태. - 표준국어대사전

심지어 물개는 물속에서 사람을 따라와서 헤엄치기도 했다. 알면 알수록 신기한 섬이다. 그렇게 자연과 친구가 될 수 있는 공간에 잠시 있었고 나는 마냥 행복했다.

▲ 〈빵 부스러기를 먹는 핀치새〉 빵을 먹는 동안에 거짓말처럼 핀치 떼들이 몰려들었다. 그들은 인간이 무엇을 먹는 동안에 부스러기가 떨어진다는 것을, 체험을 통해 배운 것이다. '자연선택'에 의해서 갈라파고스의 핀치들은 사람과 어울리는 법을 터득한 것 같았다. 섬에서 모든 동물에게 먹이를 주는 것은 금지되어 있었지만, 땅에 떨어진 빵 조각을 손에 올려놓는 순간 새들이 공격적으로 몰려들었다. 생존의 본능이다.

이곳에서 만난 동물들은 더 다양했는데, 지면이 길어지는 것을 무릅쓰고라도 좀 더 이야기하려 한다. 갈라파고스의 생명체들을 사진을 통해서라도 보여 주고 싶은 욕심 때문이라고 할 수밖에…….

▲ 〈갈라파고스이구아나〉 햇볕이 잘 드는 양지바른 곳에 떼로 몰려들어 일광욕을 즐기고 있다. 이구아나는 파충류에 속하는 변온동물인 까닭에 스스로 온도 조절을 하지 못한다. 현지인들의 말에 의하면, 태양의 에너지를 흡수해서 바다의 다른 섬으로 이동할 때 사용한다고 한다.

    이 섬에서 흔히 볼 수 있는 동물 중의 하나가 이구아나이다. 육지나 밀림의 이구아나와는 모양이 크게 다른데, 검은 화산석의 영향을 받아서 검은색으로 진화하였다. 새끼일 때, 새와 같은 천적으로부터 위협을 당하는 순간 자신을 보호하기 좋은 색이다. 못생겼지만 순하기 짝이 없는 귀여운 녀석들이었다. 심지어 한 마리는 자리에서 벌떡 일어나더니 스노클링을 하는 아이가 있는 물속으로 들어갔다. 아이는 처음 보는 이구아나를 겁도 없이 따라다니며 계속 헤엄을 쳤다. 순수한 두 생명은 서로가 서로에게 해를 끼치지 않는다는 것을 본능적으로 알고 있는 것 같았다.

▲ 〈아이와 이구아나〉 서로를 찾는 아이와 이구아나. 내 눈에는 두 생명체가 같이 수영하는 모습이 신기하게 보였다. 영화 '괴물'을 연상시키기도 한다. 순진한 두 생명이 서로를 쫓아다니며 수영하는 모습이 아름답게 보였다. 인생의 경험을 쌓아 가는 아이들은 대체로 겁이 없는 편이다.

지구 생명의 보고(寶庫)인 갈라파고스의 동물들

　이튿날은 작은 개인 배 한 척을 빌려서 섬에서 좀 더 멀리 떨어진 곳까지 탐사를 나가 보기로 했다. 다윈이 했던 것만큼은 아니라도 이 태평양 위에 서 있는 대지의 조각들을 좀 더 가까이서 느껴 보고 싶었기 때문이다. 뱃삯이 조금 비쌌지만, 이곳에 올 기회를 생각하면 고민할 거리가 못 되었다.

　이날 본 것들은 보통 사람들이 일생에 보기 힘든 생명이었다. 검은 바위 사이를 갈지자로 걷는 붉은 게. 이 녀석은 어릴 때는 검은색, 커서 붉은색, 죽을 때가 되면 노란색이 된다고 했다. 붉은 공기주머니를 부풀리고 암컷을 유혹하는 군함조 수컷, 짝을 찾아다니는 암컷, 비행 중 편대를 이루어 물고기를 사냥하는 펠리컨, 물속에서 산호를 헤집고 수영하고 있는 수십 마리의 바다거북(이들은 해초를 먹으면서 사는데 200kg이 넘는 녀석도 있었다), 푸른발얼가니새(오리처럼 생겼는데 발갈퀴가 파란색이라 붙은 이름이다), 갈라파고스 육지 거북이, 4m가 넘는 대형 바다가오리, 태평양 일부에서만 볼 수 있다는 망치상어. 이들을 보고 기억하기도 바빴다. 이외에도 너무 많은 동식물이 서식하고 있었는데, 미리 공부해 가지 않았더라면 이 정도의 이름도 기억하기 어려웠을 것이다.

▲ 〈갈라파고스 육지 거북이〉 바다거북과 달리 땅에 살면서 육지의 풀을 먹고 산다. 200년 가까이 산다고 알려져 있으며 쉴 새 없이 풀을 뜯어 먹고 있다. 발은 흡사 코끼리의 다리 같다. 크기와 덩치에서 일반 거북이를 압도하는데, 그렇다고 위험하지는 않고 거북이답게 느리게 걷는다. 갈라파고스에서는 차량이 다니는 길에서부터 숲속까지 이 거북이를 쉽게 만날 수 있다.

◀ 〈갈라파고스이구아나〉 해초나 바위에 붙은 이끼를 먹고 산다. 바위에서 자세를 취하는 모습이 영락없이 모델이다. 저 멀리 뒤에서 이성(異性)을 주시해서 보고 있다. 어쩌면 서로의 짝을 찾는 모습일지도 모른다.

프리다이빙 산책

◀ 〈푸른발얼가니새〉 가다랭이잡이과에 속하는 굉장한 희귀종이다. 갈라파고스에서도 인적이 없는 바위 사이나, 해안 절벽에서 새끼를 낳아 서식하고 있다. 새끼를 낳아서 보호하는 모습을 운 좋게도 카메라에 담았다. 오리를 닮았는데, 그 발이 파란색으로 진화했다. 여기에는 어떤 사연이 있었을까? 군함조의 붉은 가슴을 볼 때도 그랬듯이 그 파란 발에 오랫동안 시선이 묶였다.

▲ 〈갈라파고스펭귄〉 갈라파고스펭귄을 만났다. 최고의 행운이었다. 차가워진 바닷물 탓에 다수의 친구가 장소를 옮겨서 서식하고 있었는데, 한 마리가 바위에 남아서 일광욕을 하고 있던 것을 운 좋게도 목격할 수 있었다. 배를 모는 선장은 녀석의 짝이 근처에 있을 거라고 했다. 가까운 거리에서 사진에 담을 수 있었다. 성장이 끝난 성인 펭귄이었는데도 덩치가 아주 작은 편이었다. 수영하는 모습은 귀여움 그 자체였다.

▲ 〈갈라파고스의 밤〉 어시장이 열리는 항구의 밤 풍경. 큰 배라고는 찾아볼 수 없고, 사람들을 실어 나르거나 생계를 위해서 낚시를 하는 어부들의 작은 배들이 정박해 있었다. 평화가 오래 유지되길 바랐다.

밤이 되어 다시 항구로 돌아왔다. 석양은 갈라파고스의 파도에 묻혀 서서히 물들고 있다. 지는 해의 붉은빛 한 자락이 떨어져 나와 밤의 항구를 비추는데, 낮에 파도를 뚫고 고단한 몸을 움직였던 작은 배들이 피곤한 듯 부대끼며 휴식을 취하고 있었다.

어떻게 이렇게 많은 생명이 이 작은 섬들에 살게 된 것일까? 이것은 기적이다. 그게 아니라면 설명할 방법이 없었다. 신이 만들어 낸 기적이 아닌, 자연과 바다, 공기, 대지, 지구의 수억 년 동안의 시간이 만들어 낸 기적이다. 다윈은 이것을 통해 '자연선택'이라는 개념을 찾아냈

프리다이빙 산책

고, 후대의 과학자들은 이것을 증명할 수 있는 수많은 증거를 탐구했다. 생명 탄생의 신비를 풀기 위해 지금, 이 순간에도 노력하고 있다. 이들의 노력에 경외심을 품으며 인간이 자연과 공존하고 있다는 사실을 가슴 깊이 느끼게 되었다.

갈라파고스를 돌아서 나오는데 동양의 한 철학자가 했던 말이 생각났다. 읽은 지 오래되어 잘 기억나지는 않지만, 대략은 이런 내용이다. 중국의 춘추전국시대 후기에 살았던 장자는 '무용지용(無用之用)'이란 말을 했다. 그는 한 백성의 입을 빌려 이런 이야기를 한다. 우리 마을에는 오천 년을 살아온 나무가 있다. 이렇게 오랫동안 살아남을 수 있었던 이유는 이 나무가 어릴 적부터 땔감으로 쓰기에는 축축해서 좋지 않고, 배로 띄우기에는 무거웠으며, 가구를 만들어 쓰기에는 비틀어져 아무런 쓸모가 없었기 때문이다. 아무런 쓸모가 없던 까닭에 오천 년이라는 긴 세월을 홀로 살아남을 수 있었다. 쓸모없음이 쓸모 있음을 잉태하는 역설을 이야기한 것이다.

다윈이 진화론을 제시했지만, 이 이론은 원래 그곳에 있었을 뿐이라는 생각이 들었다. 이곳의 생명체는 저마다의 생명의 가지를 붙들고 생로병사를 숙명처럼 받아들이고 있었다. 자신의 쓸모에 대해서는 생각해 본 적이 없을 것이다. 이것은 좀 더 오래 진화한 인간이 생각하는 사고방식이다. 어느 날 훌쩍 떠나고 싶은 사람들은 어느 곳에나 있기에 마련인데, 소설가 김훈은 자신의 자전거 '풍륜'을 타고 전국을 여행했다. 여행의 깊이는 장소가 아니라 여행자의 생각하는 힘에 따라 결정되는 것 같다. 이 한 문장이 그것을 증명하고 있다. 언어로 그림을 그릴 수 있는 그의 재능에 샘이 난다.

'숲'이라고 모국어로 발음하면 입안에서 맑고 서늘한 바람이 인다.
– 김훈,『자전거 여행』

▲ 〈에콰도르 섬 자전거 산책〉 갈라파고스에 사는 생명의 수명은 아주 긴 편이다. 느린 삶을 지향하는 습관 때문인 것 같다. 소설가 김훈의 자전거 '풍륜'이 생각났던 탓에, 묵고 있던 숙소의 아들이 타는 자전거를 빌려 나왔다. 다윈 박물관 앞에서 찍은 사진인데, 옆에는 백 년을 넘게 산 대형 선인장이 나무처럼 서 있다.

프리다이빙 산책

갈라파고스를 등지고 공항으로 향하는 배를 탔다. 어디선가 불어온 서늘한 바람이 등을 스치고 지나갔다. 처음이자 마지막으로 봤던 인디언 아이의 손길처럼 느껴졌다. 다음 날 오후, 인디언 아이가 좋아할 거라는 생각에 들떠 아이스크림을 사 들고 저녁을 함께했던 숙소를 방문했다. 아빠와 딸은 없고 텅 빈 방이 나를 맞았다. 신기루처럼 느껴졌다. 이 섬에서 머물던 한 줄기 바람이 과일 향기를 싣고 사라진 것이다. 구름 없는 갈라파고스의 하늘에는 이름 없는 군함조 한 마리가 더 높은 곳을 향하여 날고 있었다. 어쩐지 에콰도르의 대지가 낳은 인디언의 딸 와이라(Waira)가 다시 보고 싶어졌다.

9

세계 3대 블루 홀

우리가 모르는 바다에는 거대한 구멍들이 많이 있다. 그 가운데 우리가 블루 홀이라고 부르는 것은 수면 위로 형태가 보이는 것을 말한다. 거대한 바다의 싱크홀은 종종 처음 발견한 사람의 이름을 붙여서 ○○ 블루 홀(Hole)이라고 불린다. 크기에 따라 육안으로 식별이 가능할 수도 있고, 지름이 300m나 되어 배를 타고 접근해도 전체를 볼 수 없는 곳도 있다. 중남미의 벨리즈, 미국의 바하마, 이집트의 다합 그리고 오스트레일리아 등에 있는데 이 중에서 우선 세계에서 잘 알려진 3개의 블루 홀에 대해서만 언급하려 한다.

지구의 검푸른 눈동자, 그레이트 블루 홀

먼저 '지구의 눈'이라고 불리는 그레이트 블루 홀(Great Blue Hole)이다. 이름처럼 그 크기가 어마어마해서 근처로 접근하면 얕아지면서 육지인가 싶은데 얇고 넓은 원 안으로 들어가면 갑자기 깊어져서 물이 새파랗게 보인다. 공식 기록에 의하면 수심이 125m라고 한다. 중남미 벨리즈 나라의 영해에 속해 있다. 벨리즈는 멕시코 유카탄 반도 아래에 있는데, 너무 작은 나라라서 한국인들에게는 거의 알려지지 않았다. SBS〈정글의 법칙〉에서 이곳에 가서 스카이다이빙을 하는 모습을 촬영하였다. 하늘에서 보면 그레이트 블루 홀이 극적으로 보이는데, 우리가 인터넷상에서 볼 수 있는 사진들이 대부분 하늘에서 촬영된 것이다. 나도 2016년 가을에 스쿠버다이빙을 하러 다녀온 경험이 있는데 물속에서 보는 풍경은 마치 거대한 수족관을 옮겨 놓은 것 같았다. 수족관의 벽면은 우리나라의 강원도 등지에서 볼 수 있는 동굴 같았고, 여러 가지 종유석들이 내려앉아 있는 기이한 모습을 하고 있었다. 이곳은 유명한 스쿠버다이버인 알린 자크 쿠스토가 세계 10대 다이빙 장소라고 소개하면서 유명해졌다.[45] 1971년 그는 칼립소 호를 타고 구멍의 깊이를 도표화하기 위해 그레이트 블루 홀을 방문했다. 한때는 동굴이었던 곳이 해수면이 상승하면서 현재의 깊이까지 발전하게 되

----

45) 그레이트 블루 홀 - 위키백과

었다고 한다. 그 증거로 21m, 49m, 91m 깊이에 튀어나온 부분이 지질학자들에 의해 발견되었다. 이 거대한 홀 속을 다이빙할 때는 대낮이었는데도 랜턴이 필요했다. 30m 이상 내려가면 빛이 전혀 들어오지 않았고 300m나 되는 지름의 홀 속에는 물속의 동굴에 들어온 것 같은 착각을 일으켰다. 수중 생물도 다양하게 관찰할 수 있었는데, 특히 인상에 남는 것은 세 가지 정도의 상어를 한 장소에서 만난 것이다. 다행히 셋 다 온순한 녀석들이어서 별다른 위협은 느끼지 않았다.

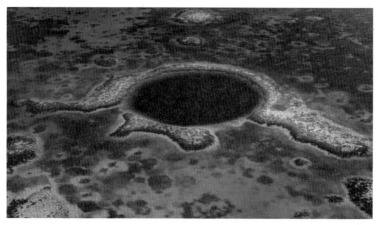

▲ 〈지구의 눈〉 2016년에 다녀왔던 그레이트 블루 홀, 지구의 눈으로 불린다. 지름이 300m나 되어 배를 타고 접근할 경우 갑자기 얕아졌다가 깊어지는 느낌밖에 받을 수 없다. 이 홀에서 다이빙할 때는 여러 종류의 상어를 만날 수 있으니 기대해도 좋다. (출처: 게티이미지)

그레이트 블루 홀에 가는 방법은 다양한 편인데 일반적으로는 벨리즈 공항에 내려서 섬으로 들어가는 경비행기를 예약한다. 그리고 산 페드로공항이나 케이콜거공항으로 이동하면 된다. 여기서 배를 예약하고 2시간 정도 걸려서 70㎞를 가면 이 거대한 홀을 만날 수 있다. 스카이다이빙을 즐기려면 케이콜거공항에서 예약하고 경비행기를 타고 날아간다. 두 번째는 경험해 보지 못했는데, 언젠가 기회가 되면 시도해 보고 싶다.

지구의 중심까지 다다르는 길, 딘 블루 홀

두 번째로 소개할 블루 홀은 플로리다 바하마 제도에 속한 딘 블루 홀(Dean's Blue Hole) 이다. 이곳은 두 가지 면에서 유명하다. 첫째는, 지구상에서 수심이 가장 깊은 블루 홀 중에 하나라는 것이다. 무려 180m에 이른다(2016년 남중국해에서 300m 깊이의 룽둥 블루 홀이 발견되기 전까지 최대 수심이었다). 둘째는 해안에서 무척 가까워 미국인들이 즐겨 찾는 휴양지이며, 깊은 수심 덕분에 세계적인 프리다이빙 대회가 열리는 장소라는 점이다. 프랑스 최고 선수 중의 한 명인 '기욤 네리'가 촬영했던 유명한 블루 홀 영상도 바로 이곳에서 찍었다고 한다. 유튜브에 검색해서 '기욤 네리 블루 홀 영상'을 감상해 보시라! 프리다이빙 세계로 입문하고 싶은 욕구가 샘솟을지도 모른다. 참고로 이 영상은 당시 그의 여자친구인 '줄리 고티에'가 찍었다고 알려져 있다. 기욤 네리라는 인물은 특별한 프리다이빙 선수이기도 하지만 이 종목에 대한 철학을 가지고 강연을 하거나 사람들에게 호기심을 일으키는 영상을 꾸준히 제작해서 유튜브에 올리고 있다. TED 강연에서는 프리폴을 통해서 우주를 체험해 볼 수 있다고 하였고, 프리다이빙은 인간의 근원을 찾아가는 여행이라고 의미를 부여하는 등 많은 활동을 하는 사람이다.

▼ 〈마이애미 딘 블루 홀〉 미국의 휴양지인 플로리다 바하마 제도 지역에 있어서 많은 관광객이 찾는 장소다. 여름휴가를 즐기는 사람도 많이 찾는 유명한 곳이지만 가끔 프리다이빙 대회가 열리기도 하는 포인트다. 한때 지구상에서 가장 깊은 블루 홀이었다. (출처: 게티이미지)

이집트에 떨어진 하늘의 별, 다합 블루 홀

마지막으로 언급할 장소는 이집트 다합에 있는 블루 홀이다. 이곳은 다른 블루 홀과 달리 원형(圓形)으로 형성되지 않았다. 보통 블루 홀은 "해수면이 지금보다 100~120m나 낮았던 빙하 시대에 석회암으로 구성되어 있던 육지가 비와 화학 침식을 받고 카르스트지형이 형성되었다가, 해수면이 상승하며 그대로 바닷속에 잠겨 형성된 것"[46]이라고 알려져 있다. 이 블루 홀은 굳이 표현하자면 찌그러진 별 모양을 하고 있다.

▲ 〈다합 블루 홀〉 별 모양을 닮았다고 알려져 있지만 사진 속의 블루 홀은 가리비를 닮은 것처럼 보인다. 조류가 많이 없고 육지에서에서 가까우면서 수심이 깊은 이곳은 프리다이버들의 천국이다. (출처: 게티이미지)

....

46) 출처: 나무위키

다합의 뒷산에 올라가서 아래를 내려다보면 그 전체의 모습을 볼 수 있는데, 건조한 지역답게 주위는 모두 갈색이고 해안 바로 앞쪽부터는 새파란 바다색의 별이 찍혀 있다. 이곳의 수심은 약 110m 정도로 추정되며 블루 홀에 이르기 직전까지의 수심은 1m가 채 되지 않으니 얼마나 급격한 경사를 가진 홀인지 짐작해 볼 수 있다. 발이 닿는 해수면을 걸어가다가 갑자기 100m의 깊이로 떨어지는 것을 상상해 보라. 일반인에게는 무섭게 느껴질 수 있지만, 프리다이버들에게는 천국과 같은 곳이다. K26처럼 아시아에서 최고 수심을 자랑하는 실내 풀장도 이곳의 규모와 비교하면 아기와 같은 수준이다. 천혜의 자연에 100m가 넘는 풀장이 형성돼 있다고 생각하면 될 것 같다. 다합은 한국의 다이버에게도 꽤 잘 알려진 곳이며 한국인 강사나 숍도 존재한다. 물가도 저렴한 편이어서 여행객들에게 인기가 높다. 다만 최근 중동 지방의 정세 때문에 이집트에 도착해서 다합까지 가는 경로에서 약간의 위험성이 존재하기 때문에 항상 안전을 최우선으로 생각하고 여행 동선을 꾸려야 한다.

바다의 싱크홀이라고 불리는 블루 홀은 그 모양이나 깊이 등이 다양하다. 해양 레저를 즐기는 도전적인 분들이라면 살아가면서 한 번 정도는 꼭 여행지에 넣어서 탐험해 보시기를 추천한다. 한국에서 프리다이빙을 미리 배워서 간다면 그곳을 200% 즐길 수 있을 것 같다.

10

그리스와 산토리니

2013년 9월 중순, 열흘 정도 신혼여행으로 그리스를 다녀왔다. 도하 국제공항을 거쳐서 수도인 아테네까지 꼬박 24시간을 날아갔다. 그리스 로마 신화에 나오는 섬들과 신전, 그 앞으로 펼쳐지는 바다가 보고 싶었다. 바다의 신인 포세이돈 신전은 물론이고 내가 좋아하는 『그리스인 조르바』의 작가 니코스 카잔차키스의 발자취를 따라가 볼 수 있는 좋은 기회였다. 첫날은 너무 피곤해서 잠들었고 이튿날 본격적인 여행을 시작했다. 아크로폴리스[47] 언덕 위에 아테나 여신을 숭배하기 위해 지어진 파르테논 신전이 지어져 있었다. 그 길은 걸어서 올라가야 했는데 9월이라도 무덥고 건조한 탓에 땀을 꽤 흘렸다. 계단을 밟아 올라가면서 그리스인들에 대해 노래했던 어느 작가(이름은 잊어버렸지만)의 글이 떠올랐다.

....

47) 그리스 도시국가의 중심지에 있는 언덕, 아테네에 위치해 있다.

"신들이 사는 세상은 가장 높은 아크로폴리스에 위치해 있고,

사람들이 사는 곳은 아고라의 광장으로 이어져 있었다.

그리고 죽은 자들은 아마 하데스[48]가 지키는

지하 세계로 내려갈 것이다."

▲ 〈아크로폴리스 언덕〉 고대의 사람들은 어떤 기술과 능력으로 언덕 위에 거대한 성을 지었을
까? 미야자키 하야오 감독의 〈천공의 성 라퓨타〉에 나오는 동화 속 풍경에 빠진 것 같은 느낌을
받았다. 밤바람은 건조했지만 시원했고, 한낮의 열정만이 밤의 레스토랑에 그대로 옮겨 와 앉
았다.

그리스인들은 눈으로 볼 수 있는 세계에서 위와 아래를 구분했고 사

....

48) 하데스: 그리스 신화에 나오는 죽은 자들의 신, 저승의 지배자.

프리다이빙 산책

후 세계까지도 분별할 만한 상상력이 있었던 것 같다. 훗날 그리스는 로마에 의해 멸망하지만, 오히려 문화의 힘으로 로마제국을 정복하고 말았다. 그리스의 힘은 현대까지도 유효해서 오늘날까지도 많은 사람이 그리스 로마 신화를 읽고 토론하며 영감을 얻는다.

여행 이튿날, 아테네의 플라카 골목의 수많은 타베르나[49] 제우스 신전, 고대 올림픽 경기장 등 수많은 볼거리를 뒤로하고 산토리니로 발길을 돌렸다. 여행객들이 주로 선택하는 노선인 미코노스에 들렀다가 페리에 몸을 실었다. 무려 여섯 시간이나 걸려 산토리니의 깎아지른 절벽 마을 아래에 도착했다. 다음 날 아침 눈을 뜨자 비로소 지중해의 바다 에게해의 중심에 도착했다는 사실을 깨닫게 되었다.

산토리니를 덮고 있는 지중해의 하늘은 맑고 바다는 빛났다. 하늘과 대지는 가이아와 우라노스처럼 다정하게 어울렸고, 외로운 파도는 절벽을 향해 닿지 못하는 구애를 하고 있다. 아프로디테는 파도의 거품에서 태어나 미의 여신이 되었다. 이날 저녁은 운이 좋다면 그 여신의 이름을 빌린 호텔에서 묵을 계획이었다. 산토리니에는 두 개의 세계가 있다. 바로 '피라 마을'과 '이아 마을'이다.

....

49) 타베르나(taberna): 그리스 야외에 늘어선 일반적인 레스토랑, 카페.

〈산토리니의 낮〉 산토리니의 낮과 밤은 180도 다른 느낌
이다. 밤이 그리스 신화에 나오는 밤의 여신 '닉스'의 영역
이라면, 햇볕으로 반짝이는 흰색 건물들이 모여 있는 이
곳은 분명히 파도의 거품에서 태어난 미의 여신 '아프로
디테'의 영역이었다.

이 두 곳은 서로 약 10㎞ 정도 떨어진 섬마을이지만, 각기 다른 풍경을 가졌다. 피라가 관광지처럼 느껴졌다면 이아는 왠지 사춘기 소녀의 방처럼 아기자기한 아이템으로 가득했다. 관광객이 붐비는 시간에는 이아 마을도 덩달아 신나서 활기가 넘친다. 이아 마을은 포카리스웨트 음료광고를 통해 알려져 유명해진 곳으로 우리에게 더욱 친숙하다. 이곳은 낙조가 아름답기로도 유명하다. 한낮의 더위를 피해 마을 모퉁이에 있는 카페에서 오렌지 주스를 한 잔 마셨다. 지중해의 한낮은 무척 덥지만, 습기가 없어 아무리 무더운 날에도 그늘 밑으로 들어오면 시원한 느낌을 받을 수 있다.

산토리니의 아늑한 절벽으로 30분쯤 내려가면 화산섬 투어와 바다 수영을 체험하는 배의 티켓을 끊을 수 있다. 세 시간에 15유로. 당시에도 비싼 가격은 아니었던 것 같다. 해적들이 탈 것만 같은 돛대가 높은 배에는 유럽의 미녀들을 다 모아 둔 양 늘씬한 몸매를 뽐내는 금발의 미녀들로 넘쳐났다. 관광용 책자나 홍보 자료에서 보던 그리스의 이국적인 풍경 속으로 들어온 것이다. 여전히 화산활동 중인 활화산을 1시간가량 관광한 뒤, 온천수가 바다 쪽으로 솟구치는 곳으로 향했다. 갑자기 모든 관광객이 배에서 뛰어내렸다(바다 한가운데서 아무런 안전장치 없이 모두 뛰어내린다. 이건 분명히 조르바가 바라던 천국이다!). 솔직히 이때 살짝 문화 충격을 받았다. 배를 타고 있던 수많은 사람이 구명조끼나 별다른 안전장치 없이 그대로 바다로 다 뛰어내리는 게 아닌가! 동양의 문화에서는 불가능한 일이었고, 배에 타고 있는 모든 이들이 깊은 바다에서 수영을 할 수 있다고 상상조차 하지 못했다. 동양인 일행이 선원에게 구명조끼가 있느냐고 물었지만 돌아온 답은 당연히 'No'였다. 그런 물건이 왜 필요하냐는 반응이었다. 어쨌든 즐거운 시간을 뒤로하고 항구로 돌아왔다. 내리자마자 "돈키(Donkey)! 돈키[50]! 5유로!" 한 남자가 엄청난 큰소리로 당나귀 탑승을 흥정하고 있었다. 나귀한테 미안한 생각이 들었지만 지친 몸을 잠시 맡기기로 했다.

▲ 〈당나귀와 여행객〉 에게해의 낮은 너무 뜨거운데 내려올 때 보다 올라갈 때 두 배는 더 강렬하게 내리쬔다. 당나귀에게 미안한 일이었지만 5유로를 주고 등을 빌리기로 했다.

....

50) 돈키(Donkey): 당나귀.

문득 어디선가 조르바의 목소리가 들리는 것 같았다.

"두목!
이 기적은 도대체 무엇이지요?
이 신비가 무엇이란 말입니까?
나무, 바다, 돌, 그리고 새의 신비는?"

여행 11일 차에 산토리니에서 돌아와 고민 끝에 마지막 행선지를 코린토스 운하로 정했다. 하루나 이틀 전에 즉흥적으로 마티즈 크기의 차를 렌트해 도시를 이동했기 때문에, 그리스 여행에서 우리의 행선지는 전적으로 그날의 바람에 달려 있었다(그리스 여행은 렌터카 이용을 추천한다). 마흔이 다 된 요즘도 여행할 일이 있으면 이런 선택을 한다. 배낭여행을 20대만의 권리로 물려주기에는 아직 미련이 많은 나이인가 보다. 작은 차를 몰아서 코린토스 운하로 출발했고, 포세이돈 신전을 경유하기로 했다.

코린토스 운하는 네 번에 걸친 시도 끝에 완성되었는데, 네로 황제가 세 번째 도전했으나 실패하고 19세기에 이르러 비로소 완성되었다고 한다. 규모가 작은 탓에 현재는 주로 관광용 운하로 이용되고 있다. 이곳은 발칸 반도의 끝자락에서 펠로폰네소스 반도로 이어지는 땅에

프리다이빙 산책

▲ 〈코린토스 운하〉 아테네의 마지막이 아쉬워서 코린토스 운하로 길을 잡았다. 당시만 해도 형편없는 내비게이션의 안내로 정반대편으로 올라갔다가 다시 내려와야 했다. 덕분에(?) 두 배 가까운 시간이 걸려 이곳에 도착할 수 있었다. 난간 위의 바람이 아주 거칠었다.

위치하는데, 이 구간을 완공함으로써 약 300㎞의 뱃길이 단축되었다. 책에서나 보던 광경을 눈으로 직접 보니 수천 명의 노예를 이끌고 와서 이 길을 만들려고 했던 옛사람들의 마음이 이해되기도 하였다. 그 당시에 운하가 완성되었다면, 황금 뱃길이 뚫려 동방의 보석으로 부를 축적할 수 있는 지중해의 실크로드가 되었을지도 모른다.

이 운하의 폭은 24m, 깊이는 8m인데 동쪽으로는 에게해가, 서쪽으로는 이오니아해가 펼쳐져 있다. 둘 다 지중해에 속하지만, 다리 중간에 서서 양측을 바라볼 수 있는 벅찬 경험은 운하 다리 위에서만 가능한 일이다. 다리 위에서는 얼마나 바람이 세게 불던지 고소 공포증이 없는데도 다리가 후들거려서 애를 먹었다. 코린토스 운하에서 짧은 시간의 감동을 뒤로하고 마지막 코스인 포세이돈 신전을 향해 떠났다. 바다를 호령하던 신답게 그리스의 신전 중에서 가장 장엄한 광경으로 아프리카에서 불어오는 바람을 맞으며 위풍당당한 품위를 지키고 있었다.

여행의 마지막이라 생각하니 포세이돈 신전의 절벽 아래로 보이는 바다에 뛰어들고 싶은 충동을 억누를 수 없었다. 건조한 땅에 올리브나무가 듬성듬성 서 있는 절벽 길을 내려가서 도착한 곳은 누드비치(?)였다. 옆에서 한 사람이 태연하게 알몸으로 수영중이다. 에라, 모르겠다. 이때 아니면 언제 하랴! 나도 몸에 걸친 마지막 속옷을 벗어 던졌다. 결국, 그리스 여행은 에게해에 몸을 담그고 실오라기 하나 걸치지 않는 자연인 상태로 물을 털어내며 마무리했다. 그렇게 지중해와 조르바와 한 몸이 된 것이다. 그리스 안녕! 에게해에서 얻은 행복을 품안 가득 채우고 이제는 나의 고향인 동해로 발길을 돌렸다.

11

17m의 거대한 고래와의 만남

중남미 코스타리카 우비타

코스타리카의 수도인 산호세에서 27번 고속도로를 타고 서남쪽으로 세 시간 반가량 달리면 코르코바도 국립공원 반도가 나온다. 그 반도에서 약 50㎞ 떨어진 곳에 우비타(Uvita)라는 작은 마을이 있다. 이 마을을 굳이 언급하는 이유는 이곳이 몇 가지 비밀과 전설을 갖고 있기 때문이다. 지금부터 이 비밀과 전설에 관해 이야기하려 한다. 사실 비밀이라고 해야 산책하며 찍은 사진 몇 장과 내가 지어낸 전설 같은 이야기일 뿐이지만, 풍부한 상상력을 가진 독자들에게는 진실로 즐거움이 되면 좋겠다. 일상에 지친 우리에게는 상상력이라는 휴식(休息)이 필요하다.

몇 년 전인가 중남미에 한두 해 정도 왔다 갔다 한 적이 있었다. 그때는 한국에 머물던 시간보다 코스타리카에 더 오래 있었으니 그냥 잠시 살았다고 하는 게 더 정확할 것 같다. 8월의 어느 날이었다. 태양이 콘크리트도 녹여 버릴 듯한 맹렬한 기세로 뙤약볕을 뿜고 있었다. 몸을 숨길 정도의 그늘을 내어 준 야자수 아래에서 더위를 피하고 있는데 문득 여행을 떠나고 싶어졌다. 차를 타고 무작정 바다로 달려갔다. 도중에 휴게실에서 정한 목적지는 우비타 해안이었다. 운이 좋으면 고래가 나타난다고 했다. 반신반의했지만 그곳으로 무작정 가려고하고 있는 나에게는 큰 명분이 되었다. "운이 좋다면 내일쯤이면 고래와 한 공간을 공유할지도 모른다." 누구나 한 번쯤은 경험해 보고 싶은 매력적인 유혹이었다.

고래가 나타나기 좋은 햇살과 바람이었다

그곳에 도착했을 때는 이미 어두워져서 여행객이 묵을 수 있는 작은 호텔을 잡아서 일단 쉬기로 했다. 피곤했던지 눈을 감고 떴더니 이미 아침이었다. 바다로 나갔다. 전화로 예약해 둔 해변의 다이빙 센터로 향했다. 가이드를 따라서 해변으로 나가니 탁 트인 바다가 나를 반겼다. 적도 지방에서 불어오는 태평양의 바람이 살갗을 애무하는 것 같

프리다이빙 산책

았다. 손가락 사이를 지나다니며 간지럼을 태우더니, 팔뚝에 내려앉아 솜털 끝을 만지며 장난치기를 반복했다. 오랜만에 찾아온 친구를 굳이 내쫓고 싶지 않아서 그대로 두었다. 고개를 돌려 해안가를 바라봤다. 바다 위에는 작은 배들이 떠 있었고, 파란 하늘에는 나그네를 자청하는 구름 조각들이 목적지 없이 흘러가고 있었다. 그 모습이 우리네 인생을 닮았다고 생각했다. 공기는 습기를 머금고 있고 소금기도 약간 섞여 있었다. 백사장의 모래를 한 움큼 쥐어 보았다. 소리 없이 흘러내렸다. 마치 밀가루를 만지는 듯 부드럽고 따뜻한 모래의 감촉이 좋았다. 몇 번 더 반복했다. 밀가루에 소금 반죽을 해서 고래 장난감을 만들고 싶었다.

▼ 〈코스타리카 우비타 해변〉 고래 꼬리를 닮은 해안선은 자연이 우비타 마을에 준 선물이다. 어릴 적 만화 '신드바드의 모험'에서 봤던 고래의 꼬리를, 내 나이 30대를 넘겨서 겨우 찾았다. (출처: 게티이미지)

예약한 작은 배를 타고 까뇨섬(ISLA DEL CANO)으로 향했다. 이 섬은 우비타 해안에서도 52㎞나 떨어져 있는 국립공원인데, 특별히 왕복하는 배편이 있는 게 아니라서 현지에 있는 어부나 여행사를 통해 배를 예약해야 한다. 쉬운 일은 아니었지만 나 혼자 하는 여행이다 보니 대충 한 명 더 올라탈 공간은 허락해 주었다.

고래가 뿜은 물기둥은 뭉게구름이 되었다

배에 오르기 위해 바닷물에 발을 담갔다. 고래가 좋아하는 바닷물은 따뜻했다. 섬이 고래로 변해 일어나면 어떡하나 잠시 즐거운 상상에 빠졌다. 적도의 하늘은 재빨리 변해서, 하늘에는 뭉게구름이 떠 있었다. 솜뭉치처럼 떠가는 뭉게구름은 고래가 뿜은 물기둥이 변신한 것이리라. 구름의 풍성한 양으로 보아 이 바다에는 상당한 고래가 살고 있음이 틀림없다. 작은 배에 몸을 싣자 파도의 움직임을 느낄 수 있었다. 거칠고 험한 파도는 코스타리카 바다의 특징이다. 작은 배로 목적지까지 무사히 갈 수 있을까 걱정이 되었다. 그러나 불안도 잠시, 배를 몰기 시작하자 기분은 상쾌해졌고, 파도를 넘는 기분은 흡사 바이킹을 타는 것 같았다. 뱃멀미하는 분들에겐 추천하고 싶지 않은 경험이다.

카뇨섬에 도착했다. 고래는 나타나지 않았다. 본 것이라고는 펠리컨 몇 마리와 바다에 떠 있는 거북이가 전부였다. 지금은 로라 거북이의 짝짓기 시즌인데, 짝을 찾은 거북이는 수면 위에서 장장 이틀간 쉬지 않고 사랑을 나눈다고 한다. 운이 따라 줘서 그 모습을 직접 발견했는데, 착한 선장이 배를 돌려 근처까지 데려다주었다. 위에 있는 거북이가 수놈인데 입술이 부르트도록 종족 번식을 위해 노력하고 있었다. 밑에 거북이는 당연히 암컷인데, 수놈보다 약간 덩치가 크다. 알 낳기에 좋은 덩치를 가지고 있다. 먼 옛날에는 인간 세계도 모계사회였음을 고려한다면, 동물 중에서도 암컷이 우위를 점하는 것은 지극히 당연한 자연의 질서라고 생각한다.

▲ 〈적도의 부근의 구름과 야자수〉 섬을 중심으로 반경 4km가 해상 국립공원으로 지정되어 있다. 일체의 개발이나 낚시, 사냥을 할 수 없다. 섬 해안가에 나무로 만든, 비를 피하는 작은 쉼터 한 채만 있었다.

◀〈로라 거북이〉최대 80㎝까지 성장한다. 바다거북 중에서는 작은 편에 속하는데 카뇨섬 근처에 많이 산다고 한다. 인간의 위협으로부터 보호받을 수 있는 최상의 환경을 택한 것이다. 거친 파도를 견디며 사랑을 나누는 모습이 감동적이기까지 했다.

섬 주위에서 한 시간가량 머문 뒤 다시 우비타로 출발했다. 시속 40㎞ 배로 1시간 30분이 걸리기 때문에 비가 오기 전에는 돌아가야 했다. 바다거북이 사는 태평양의 수평선은 뚜렷하게 하늘과 바다의 경계를 구분 짓고 있었다. 예리한 칼로 벤 듯 끝나는 수평선 너머에는 절벽이 있을 것 같기도 했다. 그 폭포의 절벽 밑에는 하데스가 살고 있을지도 모른다. 뱃삯이 있다면 카론 영감이 나룻배에 태워 줄 것이다. 그의 충실한 문지기인 머리가 셋 달린 개 케르베로스에게 오징어 한 마리만 건네면 그의 집으로 무사히 들어갈 수 있을 것이다. 혹은 하루키가 말했던 '리틀피플'이 사는 세계이거나…… 거북이가 사랑을 나누는 수평선 너머에는 왠지 또 다른 세상이 있을 것만 같았다. 어쩌면 거북이가 찾아간다는 용궁이라도 있을까? 이왕이면 사람도 살기 좋은 아름다운 낙원이 존재하면 좋겠다. 거북이 등을 타고 그곳으로 여행을 가고 싶었지만, 그들의 숭고한 사랑을 방해할 수는 없었다.

바다색이 변하자 거대한 파도를 일으키며 고래가 나타났다

저 멀리서 먹구름이 몰려왔다. 적도에서 가까운 코스타리카 태평양 지역은 오후가 되면 어김없이 비가 내린다. 아직 빛이 남았을 때 서둘러 돌아가야 한다. 허탕 쳤구나. 바로 그때였다. 바다의 형태가 일그러지더니 거대한 물체가 수면 위로 나타났다. 고래다!!! 거대한 몸집이 내가 타고 있는 배의 두 배는 될 것 같았다. 배를 향해 돌진했는데, 무서워하지도 않고 셔터를 눌러 대기 시작했다. 자세히 보니 고래는 새끼에게 수영하는 법과 사냥하는 법을 가르쳐 주는 중이었다. 한 마리가 아니라 두 마리였다.

"혹등고래는 최대 60년을 산다고 알려져 있다. 등은 회색이며 배는 흰색을 띠고 있다. 최대 11~17m까지 자란다고 알려져 있으며 최대 몸무게는 35t이다. 물기둥은 3m까지 올라올 수 있고, 주로 크릴새우나 작은 새우들을 먹는다. 남반구 태평양과 대서양에 서식하며, 암컷을 유혹하기 위해 '고래의 노래'를 부르는 것으로 유명하다. 늑대 소리를

▲ 〈혹등고래 가족〉 혹등고래 두 마리가 함께 나타났다. 코타 바다에서 새끼를 낳고, 4개월 정도를 지낸다고 한다. 새끼는 4~5m 크기로 태어나 최대 17m까지 성장한다고 한다. 암컷이 좀 더 크다고 알려져 있다. 동물의 세계는 여전히 모계 중심의 사회인 경우가 많다. (출처: 게티이미지)

내기도 하고, 소가 새끼를 부르는 소리, 구슬프게 우는 소리, 나팔 소리를 내기도 한단다. 최대 2시간 연속으로 소리를 내는데, 소리가 커서 주변의 물고기들이 기절할 정도라고 하니, 놀라운 자연 현상 중의 하나다. 포경선의 표적이 되어 개체 수가 급감했지만 최근 세계적인 보호 활동으로 수가 다시 증가하는 추세다."

- 네이버 지식백과

다행이다. 혹등고래의 개체 수가 증가하고 있다니 말이다. 게다가 바로 코앞에서 나타났고 때마침 내 손에 카메라가 들려져 있었다니.

모든 게 순조로웠다. 흔들리는 배 위에서 사진을 찍으려니 멀미가 날 것 같았지만 고래를 보고 있다는 흥분 때문에, 모든 신경이 마비되고 있었다. 내가 연신 셔터를 눌러 대자, 장난기 많은 고래는 눈앞에서 모였다 흩어지기를 반복하며 훌륭한 모델을 자처했다. 놀랍게도 고래가 직접 점프하는 장면까지 목격했으니 오늘은 운수대통한 날이다. 고래를 못 보고 돌아가는 줄 알았는데, 집에 가는 길에 나타날 줄이야. 지느러미를 찍고 있는데 순간, 혹등고래가 육중한 몸을 하늘로 던졌다. 다시 고래가 돌아간 바다에는 거대한 물보라가 일어났다.

▼ 〈점프하는 혹등고래〉 바닷물의 빛깔이 달라진다고 느끼는 순간, 고래가 점프했다. 창공을 가르는 모습이 장관이었다. 자신이 만들어 낸 뭉게구름을 되돌려 받으려는 듯이 구름을 향해 날아올랐다. (출처: 게티이미지)

▲ 〈혹등고래 꼬리〉 점프를 뽐내려는 고래는 자신의 은밀한 부위까지 보여 주었다. 위는 검은
회색, 배 쪽은 흰색이라는 그 혹등고래가 분명했다. 꼬리가 우비타의 해변 모양을 빼다 박았다.

거대한 지느러미가 육중한 몸을 상상하게 해 주었다. 암컷은 최대 길이 17m, 몸무게 35t까지 자란다고 했다. 그 덩치를 가늠하기 어렵다. 두 마리 고래가 배 쪽으로 다가와서 움찔했다. 숨을 쉬러 수면으로 올라온 고래가 할퀴고 간 바다는 거대한 물보라가 남았다. 그러다 이내 잠잠해졌고 수평선에는 고래가 남기고 간 물비늘만이 햇살에 반사되어 빛나고 있었다.

고래가 연출한 장관을 보느라 잊고 있었는데 어느새 먹구름이 짙어져 있었다. 금방이라도 비가 올 것 같았다. 파도는 조금씩 높아졌고, 더는 지체할 수 없었다. 배에 타고 있던 동료들도 같은 생각을 하고 있었고 선장 역시 귀항을 서두르기 시작했다. 어쩌면 고래가 집에 돌아가는 길을 배웅하러 나온 건지도 몰랐다. 서둘러 짐을 정리하고 다시 우비타로 향했다. 바람이 더 높아지기 전에 다행히 해안가가 보이기 시작했다.

해안가에 떠 있는 바위들을 볼 수 있었다. 개중에는 고래가 되지 못한 바위들도 서 있었는데, 그 뒤를 따르는 새끼 고래의 모습이 애처로웠다. 구름이 지나가며 바위 위에 한 줄기 빛을 쏟아 냈다. 얼마나 많은 바위가 고래가 되어 태평양과 대서양을 거쳐 알래스카에서 남반구까지 헤엄치고 싶었을까? 자유를 향한 갈망이 인간들만의 고유한 속

▲ 〈가족 고래를 닮은 바위〉 우비타 해안가에는 고래가 되지 못한 바위들이 천년을 기다리고 있다. 뒤따르던 새끼 혹등고래까지 그대로 바위가 되었는데, 자연의 장난은 실로 심술궂다. 그 꼬리는 우비타 해변이 되었다.

성은 아닌가 보다. 고래가 되지 못한 바위들은 그 자리에 서 있어야 했다. 어쩌면 천년쯤 뒤에 다시 바닷속 생명으로 환생할 날을 기다리고 있을지도 몰랐다.

해가 넘어가자 시간이 빨라지기 시작했다. 햇살이 사라지며 곧 비가 올 기세였다. 그림자를 따라 서둘러 호텔로 향했다. 다행히 숙소에 도착하고 나서야 굵은 빗방울이 떨어졌다.

프리다이빙 산책

햇살이 남아 있는 오후의 그림자

머릿속에 남아 있던 고래의 잔상을 정리하기도 전에 배는 해안가에 도착했고, 사람들은 짐을 챙겨 내렸다. 난생처음 보는 녀석들이었지만 마치 형제인 양 낯설지 않았고, 자연의 위대함을 다시금 느낄 수 있는 시간이었다. 인생에 두 번 올 수 없는 날이 아니길 바랐다. 구름이 비켜나며 등 뒤로 햇살이 쏟아졌다. 그림자가 더 길어지기 전에 호텔로 돌아가야겠다. 혼자 하는 여행에서 하늘의 빛과 그림자는 소중한 친구가 아닐 수 없다. 달과 그림자를 벗 삼아 한 동이 술로 풍류(風流)를 즐기던 이백(李白)이 생각났다. 오늘은 참으로 고래 보기 좋은 날이었다.

12

스피어 피싱과 해루질

지리적 이점이 만들어 낸 어업 활동

한반도는 삼면이 바다로 둘러싸여 있다. 원래는 대륙으로 이어져 있었지만, 지금은 반도의 섬처럼 둥둥 떠 있는 형편이다. 언젠가 남북통일이 된다면 부산에서 모스크바까지 기차를 타고 여행을 하게 될지 모르지만, 현재로서는 중국을 가더라도 비행기나 뱃길을 이용해야 하니 선택지 하나를 잃고 사는 셈이다. 어쨌건 동해와 남해 그리고 서해로 둘러싸인 한반도는 스피어 피싱과 해루질[51]이 발달하기에 좋은 지리학적 특성을 지니고 있다.

....

51) 물이 빠진 바다나 갯벌에서 어패류를 채취하는 행위, 최근에는 걸어 다니며 랜턴을 밝혀서 잡는 전통적인 방식뿐 아니라 얕은 물 위에 떠다니면서 낙지나 문어를 잡는 스킨 해루질 방식이 유행하고 있다.

프리다이빙 산책

우선 어패류를 잡으며 물질로 생계를 유지하는 해녀들이 있다. 제주도 해녀가 언제부터 물질했는가는 정확히 알 수 없지만, 문화재청의 자료에 의하면 삼국시대부터 시작된 것으로 추정된다. 2016년에는 제주도의 해녀가 유네스코 인류무형문화유산으로 지정되었다. 동해나 남해, 그리고 울릉도에도 해녀가 없는 것은 아니지만 제주도 바다를 상상하면 해녀 할머니들이 먼저 떠오르는 것은 한국인이라면 자연스러운 일이다. 서해는 뻘밭이 많다 보니 물이 탁해서 물질보다는 조개를 캐거나 낙지를 잡는 등의 어업 활동이 활발했다.

자연스럽게 스피어 피싱과 해루질은 동해나 남해에서 발달하게 되었다. 동해는 수심이 깊고 해안에 바위가 많아서 고급 어종이나 각종 연체동물이 많이 서식하고 있다. 국내 바다에서 스피어 피싱은 법으로 금지되어 있다. 남해의 일부 양어장에서 유료로 사냥을 허가하는 경우에만 레포츠로서 즐기는 형국이다. 해외는 국가마다 다르지만, 라이선스가 있으면 가능할 때가 있고, 허용은 하지만 법적으로 잡는 어종이나 개체 수를 엄격히 제한하기도 한다. 이를 어기면 벌금을 아주 많이 내야 한다. 호주에서는 벌금이 10,000달러나 된다. 동남아에서는 투어 가이드를 끼고 나가면 허용되는 곳도 있으니 가고자 하는 나라의 법에 대해서 잘 알아보고 간다면 합법적으로 즐길 수도 있을 것이다.

▲ 〈스피어 피싱〉 스피어 피싱은 프리다이빙과 사촌 간이다. 유럽에서 발생한 프리다이빙의 시초가 피싱으로 시작되었다. 사진 속의 사람이 수면 아래를 보면서 호흡을 모으고 있다. 작살을 들고 물속으로 내려가서 큰 물고기를 찾아 활처럼 생긴 샤프트 건을 쏜다. 물고기를 잡는 순간의 쾌감보다는 자연과 하나 되는 레포츠라는 것에 더 큰 매력을 느낀다.

해루질은 합법일까? 불법일까?

반대로 해루질의 경우는 금지되어 있지 않다. 물론 좀 애매한 법령이 많이 있긴 하지만 해루질 자체는 불법이 아니다. 다만 금지된 수산물, 조개류, 양식용 전복이나 어종을 잡으면 법적으로 처벌을 받는다. 그러나 씨를 뿌리거나 양식을 하지 않는 문어나 낙지 등을 잡는 것은

프리다이빙 산책

합법이다. 대신, 허가되지 않은 장비를 쓰는 경우는 불법이다. 예를 들면 외갈고리를 사용해서 문어를 잡는 것은 합법이고, 쌍갈고리를 사용해 문어를 잡으면 불법이다. 이와 같은 상황에서도 현실적인 환경과 채취 욕구에 따라서 해루질은 동해와 남해안을 중심으로 이미 널리 통용되고 있다. 전문적인 장비들도 많이 나오고, 최근에는 워킹 해루질(해안을 걸어 다니면서 사냥하는 것)을 넘어서 스킨 해루질(수심 1~5m 구간을 다이빙하면서 사냥하는 것)로 넘어가는 추세에 있는 것 같다. 특히 야간 해루질도 발달하고 있는데 특수한 장비나 랜턴들도 시중에서 쉽게 구매할 수 있다. 최근 해양수산부의 법을 해석해 보면 해루질을 할 때는 개인은 프리다이빙 자격증이 있어야 한다. 이는 안전을 위해 반드시 필요한 조치라고 본다. 또 혼자 가서는 안 되고 반드시 버디와 함께 움직이는 것이 좋다. 본인의 안전을 위해서라도 반드시 정식 교육을 받고 도전하는 것이 바람직하다.

덕 다이빙은 스킨 해루질을 하는 사람이라면 필수 조건이다. 수심 5m 아래에 문어가 있는데 몸을 수직으로 세워 다이빙할 수 없다면, 힘들게 발견한 '눈앞의 문어'는 다시 굴속으로 들어가 버릴 것이다. 해루질에서는 안정적이면서도 차분하게 잠수할 수 있는 능력이 사냥의 승패와 바로 연결된다. 파도가 약간 있는 날이나 물속에서 마스크에 물이 들어오는 위급 상황이 와도 프리다이버라면 침착하게 상황을 극복할 수 있다.

5m 수심을 안정적으로 들어가려면 먼저 10m 수심이 편안하게 느껴져야 한다. 그러면 5m 이내는 자연히 얕은 수심으로 느껴지기 마련이다.

스피어 피싱은 해루질보다 좀 더 높은 수준을 요구한다. 수심도 깊어지고 물속에서 대기하는 시간이 필요하다. 스피어 피싱을 하는 분 중에는 프리다이빙을 배우기 전부터 이미 물속에서 단련된 분들도 있지만 대체로 프리다이빙 자격증을 보유한 경우가 훨씬 많다. 프리다이빙 레벨 1이면 10~16m, 레벨 2 중급자가 되면 20~24m 수심까지 갈 수 있도록 테스트를 받는다. 이런 과정을 거치면 스피어 피싱을 시작하는 데 많은 도움이 된다. 깊은 수심을 내려갔다가 바로 올라오는 프리다이빙과 달리 스피어 피싱은 내려가서 고기를 찾거나 흩어진 고기가 다시 돌아올 때까지 물속에서 숨을 참으면서 기다려야 한다. 숨이 차고 호흡 충동이 느껴지는데도 참으면서 물고기가 자신의 사정거리까지 들어오기를 기다려야 한다. 짧게는 1분, 길게는 3분 이상 물속에서 머물 수 있어야 사냥의 성공 확률이 높아진다. 다만 스피어 피싱은 프리다이빙처럼 자신이 갈 수 있는 최대의 깊이를 가는 게 아니라 물고기가 많이 서식하는 수심 5~15m 정도가 포인트이므로, 프리다이빙을 배우고 호흡법을 익히는 것이 당연히 큰 도움이 된다. 해루질보다 깊게 내려가고 물속에서 대기하면서 기다리는 시간이 필요한 스피어 피싱은 많은 연습 후에야 안전하게 시작할 수 있다.

▲ 〈해루질하는 해남〉 해루질은 얕은 물에서 특별한 도구 없이 어패류를 채집하는 일이다. 국내외 모두 잡아도 되는 해산물과 잡아서 안 되는 어패류 등이 법으로 정해져 있다. 법이 아니더라도 어자원 보호를 위해 자신이 먹을 수 있는 만큼 적당한 양 만큼만 잡고 취미로 즐기는 것이 좋겠다.

국내에서 할 수 있는 해루질은 합법적이라고는 해도 어민들과 마찰을 빚을 수밖에 없는 취미 활동이다. 물속에 들어가면 문어나 낙지만 보이는 게 아니라 다른 어패류도 많이 보이기 때문인데, 어민들은 자신들의 양식을 주워 가지는 않을까 전전긍긍한다. 충분히 수긍할 수 있는 부분이다. 따라서 법을 잘 이해하고 허용된 범위 내에서 즐거움을 찾는 게 중요하다. 물속에서 양식중인 해산물을 보더라도 절대 마음이 흔들리거나 채집을 해서는 안 된다. 어민들과 충돌이 심하게 발생할 수 있는 부분이고, 심하면 법적인 처벌까지 받을 수 있다. 문어나 낙지를 잡을 때도 조과(釣果)에 목적을 가지고 과시용으로 많이 잡기보다는 안전하게 다이빙하면서 한 번에 먹을 수 있는 적당한 양만 잡는 게 좋겠다. 해루질은 그저 취미 활동으로 즐기는 것이지 생계를 목적으로 해서는 안 된다. 또 파도가 높은 날에는 절대 바다에 들어가지 않는 것이 안전사고를 예방하는 최선의 길이다. 프리다이빙을 배워두면 여름철 바다에서 물놀이할 때 바위 사이로 지나가는 문어를 한 마리 잡아서 맛볼 수 있는 재미도 있다. 가족이나 지인들이 존경 어린 시선으로 바라볼 것이다.

13

바다의 사냥꾼, 자고

바다 유목민, 바자우족

인도네시아의 술라웨시 섬 북쪽과 필리핀 민다나오 남쪽의 섬들을 근거지로 살아가는 원주민들이 있다. 이들은 바다 유목민으로 불리는 바자우족이다. 이들의 독특한 삶의 방식은 최근에 과학자들의 관심을 받아 세상에 조명되었다. 바자우족은 2~6명 정도의 가족이 모여 수상 가옥을 짓고 살아간다. 그들은 일 년에 한두 차례 물고기가 많은 바다를 유랑하며 작살로 물고기를 잡는다.

여기서 주목할 점은 이들의 잠수 능력이다. 알려진 바에 의하면 물속에서 6분 이상 숨을 참을 수 있고, 최대 70m까지 잠수할 수 있다고 한다. 특별한 훈련을 받은 프리다이버들도 강도 높은 훈련을 받고 특

▲ 〈바자우족의 수상가옥〉 이들은 바다에서 태어나서 바다와 함께 살다가 바다로 돌아가는 부족이다. BBC 다큐멘터리에서 소개되어 유명해졌다. (출처: 게티이미지)

별한 재능이 있어야만 도달할 수 있는 영역이다. 이들은 어떻게 이런 능력을 지니도록 진화한 것일까?

2015년 영국의 제임스 리드 감독이 〈바다의 사냥꾼, 자고〉라는 다큐멘터리를 만들면서 세상의 이목을 끌었다. 자고는 바자우족의 원로로 80살이 넘은 노인이다. 이 다큐멘터리는 일생을 바다에서 살아온 노련한 사냥꾼의 모습을 담았다. 자고는 "바자우족들은 바다에 들어갈 수 없게 되면 산송장이나 다름없다."라는 말을 했다. 바다에서 태어나고 바다에서 죽는 사람의 표현답다.

프리다이빙 산책

페루의 마추픽추에서 만난 청년들

2016년은 중남미를 여행하던 기간이었다. 이때 페루의 마추픽추를 다녀올 기회가 있었다. 공중의 도시라고 불리는 신비한 이곳을 가기 위해서는 잉카제국의 마지막 수도인 해발 3,360m 쿠스코를 반드시 들러야 했다. 이곳에서 1박을 한 뒤 택시를 타고 기차역으로 가서 잉카레일을 타고 반나절에 걸쳐서 잉카제국의 중심이었던 마추픽추에 도착했다.

1박을 하러 들렀던 날, 오후 시간이 남아서 쿠스코 도시를 산책하였다. 몸을 가볍게 하고 트레킹을 할 겸 길을 나섰다. 안데스산맥 구름 위로 붉은빛의 벽돌을 얹은 지붕들이 둥둥 떠 있었다. 집 사이를 헤집고 들어가면서 좁은 골목길 사이를 걷다 보니 이곳이 해발 3,000m가 넘는다는 것을 어느덧 잊어버리고 말았다. 오르막길과 내리막길을 걷다가 갑자기 숨이 막히는 것을 느꼈다. 예전에 해발 4,000m가 넘는 칠레의 아타카마 사막에서 고산증을 처음 겪었었는데 쿠스코는 이보다 좀 낮은 곳이라고 방심하다가 다시 고산증을 앓았다. 현기증이 나고 발걸음이 점점 무거워지더니 결국 그 자리에 주저앉고 말았다. 벤치가 있는 공터가 보이기에 겨우 자리를 옮겨 앉았다. 걷기만 해도 어지러워지는 곳이었는데, 청소년들이 그곳에서 축구를 하고 있었다. 놀랍기도 하고 신기하기도 했다. 자세히 보니 청년들의 가슴둘레는 고도가 낮은 곳에 사는 사람들에 비해 넓고 두터웠다. 일반인에 비해 폐활량이 훨씬 클 것처럼 보였다. 잉카제국이 번영했던 15세기 전부터 이곳에서 수백 년 이상 살면서 이들의 신체는 고산지대에 살기 적합하도록 진화한 것이었다.

바자우족의 특별한 잠수 능력도 분명히 진화의 산물이다. 그들은 술라웨이해를 근거지로 해서 천 년이 넘게 바다 유목 생활을 했으며 작살 하나를 들고 물고기를 사냥하며 살아왔다. 이들에게 잠수 능력은 취미 생활이 아니라 생존을 위한 것이었다. 수많은 여가 생활 중에서 우연히 자신의 취향에 맞는 것을 고른 것이 아니라 잠수는 그들의 삶 자체다. 수백 년간 진화의 과정을 거치면서 잠수를 잘하는 사람은 물고기 사냥 능력도 뛰어났을 것이고 능력 있는 사람으로 평가받았을 것이다. 그러다 보니 여성들을 선택할 기회도 많아지고 자신의 종족을 번식할 기회가 더 많이 주어졌다. 우월한 잠수 유전자를 전달받은 후세대도 같은 과정을 거치면서 대를 이어 현재에 이르렀다.

바자우족의 특별한 비밀, 비장

2018년 덴마크의 연구원들이 생물학 분야의 과학 저널인 〈Cell〉[52]에 바자우족의 특별한 능력을 연구한 결과를 발표했다. 이 학술지에 따르면 바자우족은 극단적인 잠수 환경에 적응하기 위해 진화의 과정을 거쳤다고 한다. 구체적으로 비장의 크기와 기능, 잠수 능력에 관련된 유전자 변이에 관한 중요한 사실을 발견했다.

먼저, 일반인과 비교해 바자우족의 비장은 크기가 1.5배 정도 컸다. 비장은 적혈구 수를 조절하여 몸에 산소 공급을 도와주는 장기다. 인간이 잠수 상태에서 호흡 충동을 느끼면 적혈구의 수를 조절하여 숨을 오래 참도록 도와준다. 바다사자나 고래같이 수백 미터씩 잠수하는 포유류들은 비장이 잘 발달해 있는데, 이 능력을 바자우족이 가지고 있었다. 두 번째 발견은 잠수 능력과 관련된 유전자 변이에 대한 것이다. 이 변이는 말초 혈관을 조절하여 뇌와 심장 그리고 폐에 산소가 더욱 잘 공급되도록 돕는다고 한다.

사실 모든 인간은 물속에서 MDR(포유류 다이빙 반사) 반응이 나타나면서 잠수 능력이 향상된다. 바자우족은 이 능력이 특별히 더 필요했고, 자신들이 처한 환경의 요구에 따라서 진화했다. 그런데 진화론

....

52) 셀 프레스(Cell Press)에서 발간하는 생물학 분야의 과학 저널이다. 〈네이처〉, 〈사이언스〉와 함께 과학 저널 중 가장 영향력 있는 학술지 중의 하나이다.

에 따르면 모든 생명은 물에서 탄생했다고 한다. 그렇다면 바자우족이 진화의 과정을 거쳐서 잠수에 특화된 기능을 가지게 된 것은 사실일까? 아니면 육지에 사는 인간들이 자신들이 본래 가지고 있던 포유류의 잠수 능력을 잃어버릴 때, 바자우족은 바다를 지키며 그 능력을 유지할 수 있었던 것일까?

바자우족은 천년을 넘게 바다에서 살았다. 욕심 없이 바다의 혼령을 신으로 여기며 소박하게 살아가는 그들의 삶이 가끔 부럽게 느껴진다. 이들의 소박한 삶의 방식은 거대한 바다라는 대자연 앞에서 인간이 얼마나 작고 나약한 존재인가를 깨닫게 해 준다. 바다를 삶의 터전으로 삼는 바다의 인류 바자우족, 앞으로 꼭 한번 만나 보고 싶다. 바자우족의 자고 영감님이 오래 건강하시기를!

$$14$$

미래소년 코난

"푸른 바다 저 멀리 새 희망이 넘실거린다♪"

"너 코난 알아?"라고 물어봐서 "응! 명탐정 코난 말이지?"라고 대답하는 사람은 20대이고, "네! 미래소년 코난 잘 알죠."라고 대답하는 사람은 30대 후반 이상일 확률이 높다. 지금은 인터넷에 만화가 넘쳐 나지만 90년대만 해도 정규 방송에 나오는 만화를 챙겨 보는 재미로 유년을 보낸 사람들이 꽤 많았다.

지금 소개하려는 〈미래소년 코난〉은 일본의 유명한 작가 미야자키 하야오[53] 감독의 장편 애니메이션이다. 1978년 일본에서 TV 만화로 처음 방영되었고, 한국에는 80년대에 널리 알려졌다. 서기 2008년, 인류가 만

<hr>

53) 일본의 대표 애니메이션 작가(1941~), 대표 작품으로 〈센과 치히로의 행방불명〉, 〈천공의 성 라퓨타〉, 〈원령공주〉, 〈이웃집 토토로〉 등이 있다.

든 핵무기를 능가하는 초자력 무기로 지구의 환경은 완전히 파괴되고 소수의 인간만이 살아남는다. 그 후 20년이 흘러 악의 무리가 나타나 세계를 정복하려는 야심으로 태양 에너지를 가지려고 하자, 한 소년이 이들에 대항하여 지구를 구하고자 한다는 것이 만화의 줄거리이다.

주인공 소년은 몇 가지 특별한 재능을 가지고 있다. 발가락을 손처럼 사용할 수 있는가 하면, 물속에서도 눈을 뜨고 있을 수 있다. 또 천부적인 잠수 능력을 지녔는데, 작살 하나만 가지고 무시무시한 상어를 사냥한다. 훗날 물속에서 엄청난 잠수 능력으로 친구를 구하고 위기 상황을 극복한다. 핀을 착용하지 않고 물속에서 자유자재로 다녔으니 프리다이빙으로 말하면 CNF[54] 다이빙의 대가라고 할 수 있겠다.

만화의 예언과는 달리 2008년의 지구에서는 핵전쟁이 일어나지 않았지만, 미국은 제2차 세계대전의 막바지였던 1945년에 일본의 히로시마와 나가사키에 당시만 해도 신무기였던 두 개의 핵폭탄을 투하했다. 그것이 현재까지 인류가 실제 전쟁에서 사용한 최초이자 마지막 핵무기였다. 그리하여 수만 명이 죽었고, 핵 피폭을 당한 수십만의 피해자들은 여전히 고통 속에서 살고 있다. 결국, 독일, 이탈리아와 더불어 제국주의를 꿈꾸었던 일본은 무조건 항복을 선언했다. 이 일본 작

....

54) 컨스턴트 웨이트 노핀(Constant Weight No-Fins): 프리다이빙을 할 때 핀을 사용하지 않고 다이빙하는 형태를 말한다.

가는 핵무기로 초토화되어 버린 자신들의 상처를 극복하고 새로운 희망을 찾고자 하는 바람을 코난과 나나의 이야기 속에 투영한 것이 아니었을까?

2019년의 지구는 1945년 이후로 70년 동안 핵전쟁의 위험에서 벗어날 수 있었지만, 더욱 심각한 문제에 직면했다. 현대인들의 생활 습관에서 발생한 플라스틱 문제다. 최근에는 각종 미디어를 통해 코에 플라스틱 빨대가 꽂혀서 죽은 거북이의 모습이나 인간이 버린 어망에 걸려서 죽은 돌고래를 심심치 않게 볼 수 있다. 해안으로 떠밀려 온 죽은 고래 배 속에는 페트병과 비닐봉지, 스티로폼 조각들이 발견된다. 미안한 마음이 드는건 나뿐일까?

현재 지구의 모습은? 플라스틱의 역습

인간의 편의를 위해 사용하는 플라스틱 제품들은 일회용으로 소비되고 결국 바다로 버려지게 된다. 그런데 이것이 해양 생물들의 생명을 위협하는 재앙이 되고 있다. 우리가 쉽게 쓰고 버리는 생활 쓰레기들은 비가 오면 강으로 들어가고 홍수가 나면 강물을 따라 바다로 자연스레 유입된다. 그린피스 같은 환경 단체에 따르면 북극이나 남극은 물론이고 수심 10,000m의 심해에서도 인간이 버린 플라스틱이 발견된다고 하니 아주 심각한 상황이다. 결국, 우리 식탁에 올라오는 물고기들이 미세플라스틱을 먹고 자라고, 먹이사슬의 정점에 있는 인간은 다시 그 물고기를 먹게 된다. 악순환이 반복되는 것이다.

프리다이빙을 하러 바다에 나가면 물속에 플라스틱 쓰레기가 적게는 한 개, 많게는 열 개 이상이 부유하고 있다. 비가 오거나 조류가 심해서 바닷물이 뒤집히는 날에는 수십 개 이상도 발견된다. 눈살이 찌푸려진다. 내가 슈퍼마켓에서 무심코 받아왔던 비닐봉지, 카페에서 건네받은 일회용 플라스틱 컵, 꼬마 때부터 지금까지 죄의식 없이 사용하는 일회용품 등이 떠오른다. 바다를 즐기고 사랑하는 프리다이버라면 이런 문제를 무심코 지나쳐서는 안 된다. 바다는 다이빙을 즐기는 동호인, 직업으로서 다이빙하는 강사들에게는 사무실과 같은 곳이다. 세상에서 가장 넓고 멋진 공간을 즐기려면 그에 걸맞은 책임 의식을 가져야 한다. 가까운 곳에서 발견되는 바다 쓰레기는 단 한 개라도 주워서 부이(buoy)에 담아 육지로 가져오도록 하자. 사실 근본적인 해결 방법은 플라스틱 제품을 적게 쓰는 것인데, 특히 배를 타거나 바다 근처에서는 바람에 날려 쓰레기가 바다에 빠지는 경우가 있으므로, 아예 가져오지 않는 것이 최선이다. 자연을 즐기면서 동시에 사랑할 줄 알아야 세상에서 가장 멋진 프리다이버가 될 수 있다.

내가 가 보았던 필리핀 세부의 일부 다이빙 센터에도 바다 환경을 걱정하는 좋은 사람들이 있었다. 소수의 다이빙숍들이었지만 지구 환경에 대해 걱정하고 몸소 실천하는 분들이었다. 한 달에 한 번 정도는 바다 쓰레기를 줍는 활동을 진행한다. 또 마리곤돈에서 프랑스인이 운영하는 HQ 다이빙 센터에서는 플라스틱 빨대 대신에 스테인리스로 만든 철제 제품을 사용하고 있었다. 작지만 바다 사랑을 실천하는 좋은 방법이다.

▲ 바다에서 프리다이빙을 즐긴 후 얕은 해안가로 나오기 전에 물속에 있는 플라스틱 병을 주워서 해양 정화 활동을 하는 모습. 최근에는 플로빙이라는 개념으로 프리다이빙 이후에 쓰레기를 줍는 봉사 활동을 수시로 진행하고 있다.

〈미래소년 코난〉은 인간의 욕망 때문에 훼손된 자연환경을 원래대로 복귀하는 것이 얼마나 어려운가를 아이들의 눈높이에 맞게 보여 주려고 시도했다. 어쩌면 이 만화는 아이들이 아니라 어른이 된 지금 다시 봐야 할지도 모르겠다. 100m를 잠수할 줄 아는 다이버보다 10m를 가더라도 환경 보호를 함께 실천하는 프리다이버가 더 멋지다. 환경을 보호하기 위한 작은 실천을 모아 후배 다이버들이 프리다이빙을 즐길 수 있는 좋은 환경을 물려주도록 노력하자.

에피소드

1

몰디브 리브어보드(Liveaboard)

"리브어보드"는 프리다이버들에게는 잘 알려져있지 않지만 상대적으로 경제적 여유가(?) 있는 스쿠버다이버들에게는 널리 알려진 형태의 다이빙 여행 프로그램이다. 쉽게 설명하면 배에서 먹고 자고 다이빙도 함께 해결하는 프로그램이다. 이미 전 세계의 유명한 포인트에는 이런 종류의 관광 상품들이 많이 팔리고 있다. 대표적인 장소로는 인도네시아의 코모도, 라자암팟, 말레이시아의 시파단, 필리핀의 투바타하, 멕시코의 라파즈, 에콰도르의 갈라파고스, 코스타리카의 코코섬, 이집트의 홍해, 호주 퀸슬랜드 지역의 그레이트 베리어프, 몰디브의 아톨 단위로 묶인 파스텔 반지 모양의 산호섬들.

개인적으로는 2016년도에 갈라파고스를 다녀왔고, 2019년도에 호주 퀸슬랜드 지역의 리브어보트 투어를 했던 경험이 있다. 한동안 잊고 살았는데 Covid19가 유행한 2020년 1월부터 만 2년이란 시간 동안 국내에서 꽁꽁 묶여있다가 해외 프리다이빙 여행에 대한 욕구가 분출할 무렵 인스타 광고를 보고 우연히 몰디브에도 리브어보드 투어가 활성화되어 있다는 것을 알게 되었다. 마침 2021년 10월 즈음에는 위드 코로나 분위기가 무르익었고, 백신 접종 완료자에게는 트래블 버블이 체결된 국가(몰디브, 괌, 사이판 등)를 여행하는 경우 자가 격리도 면제해 준다는 뉴스가 올라오면서 해외 투어 준비가 시작되었다. 생각을 계획으로 잘 옮기는 실천력 강한 성격과 밀어붙이는 추진력이 발휘된 까닭에 모든 일이 일사천리로 진행되었다. 해외 투어 최소 인원도 모이고 가는 날을 기다렸는데, 세계적으로 전염력 강한 오미크론 변이라는 복병이 등장하면서 모든 것이 흩어질 위기에 처했다. 다시 해외에 다녀오면 10일 자가격리 의무가 생겨났고, 휴가를 길게 낼 수 없는 직장인들의 동요가 생겼다. 전체 투어를 취소하면 위약금이 엄청나게 발생하는 상황이라서 위기였지만 갈라파고스 멤버들의 단단한 의지로 최종 인원에서 한 명의 이탈자도 없이 몰디브를 다녀왔고, 그 이후 열흘간은 서로 자기 집에 틀어박혀서 꼼짝없이 자가 격리를 받아들였다. 몸에 좀이 날 정도로 지겨운 시간이기도 했지만 이 책의 개정판을 편집할 수 있는 소중한 시간이기도 했다. 내용이야 별로 바뀌는 것이 없지만 많은 사진들을 최신의 것으로 업데이트하고 보니 오히려 좋은 시간이 된 것같이 뿌듯하다.

포스트 코로나 시대를 준비하며 어렵게 다녀온 해외 프리다이빙 여행이니 만큼 인생 최고의 다이빙 추억 장소가 된 몰디브 이야기를 조금 해보자.

몰디브에 대한 첫인상은 비행기 안에서 시작되었다. 카타르를 경유하여 몰디브 도착 20분 정도 남은 시간이었다. 낮게 깔린 구름 아래로 내려가자 얕은 바다를 상징하는 형광색 라군들이 펼쳐져 있었다. 상상 속의 천국이 존재한다면, 도원명이 말했던 무릉도원이 현실에 있다면 과연 이런 모습일까?

▼ 얕은 산호초 밭으로 형성된 라군 위로 몰디브의 대표적인 리조트의 모습이 보인다. 하나의 섬에 1개의 리조트가 있다고 하니 몰디브는 완전히 프라이빗한 여행을 원하는 사람들에게는 다이빙이 목적이 아니라도 환상적인 환경을 제공하는 곳이다. 그래서 신혼여행에서 인기가 많은 여행지인 것 같다. 프리다이빙을 배워서 온다면 이 예쁜 바다를 200% 즐길 수 있다.

새하얀 흰 구름을 찢어 흩어놓은 풍경 사이로 인도양의 이름 모를 작은 섬들이 듬성듬성 서서 오랜만에 오는 손님들에게 손을 흔들고 있었다. 멀리서 스치듯 지나가는 섬들은 푸른빛 바닷물에 몸을 씻으며 반짝이고 있었다. 이 빛은 원래 바다의 색인지 섬의 색이 바다가 되었는지 혼동하기에 충분했다. 바다 위에는 흰 조각 구름의 그림자가 살포시 내려앉아 고래상어가 되었다가 대형 만타가 되었다가 문득 길쭉한 곰치로 변하더니 다시 파도의 속으로 으스러진다. 잔잔한 파도의 일렁임은 청룡이 숨을 고르듯 검붉은 빛으로 뒤채이고 있었다.

프리다이빙을 하면서 세계의 예쁜 바다를 많이 다녀봤지만 착륙 직전 하늘에서 내려다보는 몰디브의 첫인상은 강렬했고, 일주일간의 여행을 설레게 하기에 충분한 강도의 자극이었다.

기체가 구름 속으로 들어갔다가 이내 걷히자 푸른 바다 위로 비행기 그림자가 파도를 타고 미끄러지듯 서핑하면서 텅 빈 바다와 구름 위를 넘나든다. 곧 착륙하면 기억으로만 남게 될 짧은 순간이다.

리브어보드 투어가 떠다니는 호텔에서 먹고, 자고, 다이빙하는 럭셔리 투어라고 하지만 체력적으로는 엄청난 도전이다. 야간 다이빙을 포함해 하루에 최소 3번 많게는 4~5번의 다이빙을 진행하게 되는데 한

번도 빠지지 않고 7박 8일 일정을 소화하면 약 18~20회 정도의 다이빙을 하게 된다. 건장한 성인이라고 하더라도 체력적으로 쉬운 스케줄은 아니다.

▲ 우리가 탔던 씨플레저호. 리브어보드 투어의 장점은 바다를 떠다니는 호텔에서 숙박을 하면서 때가 되면 다이빙을 할 수 있다는 것이다. 그것도 자주, 그리고 사람들의 접근이 힘든 무인도 근처의 바다에서. 비용이 만만치 않지만 인생에 한 번 정도는 꼭 경험해 볼 만하다.

물 밖의 풍경에 감탄하며 첫날을 보냈다. 다음 날 새벽 6시 기상, 작은 딩기 보트를 타고 다이빙 포인트로 이동했다. 체크 다이빙을 진행하기로 했는데 이날 태어나서 가장 많은 곰치를 물속에서 본 것 같다. 굴마다 1m가 넘는 다양한 종류의 곰치들이 살고 있었다. 영어로는 Moray라고 불리는 종인데 한 번에 그렇게 많이 모여 사는 이유는 근

프리다이빙 산책

처에 참치 공장이 있어서 거기서 나오는 부산물들을 먹고살 수 있어서 그렇다고 했다. 깨끗한 시야와 30도 전후의 따뜻한 바다가 환상적인 몰디브 다이빙은 그렇게 시작되었다.

몰디브에서는 특별한 어종을 많이 볼 수 있었다. 해외를 다니며 하는 편 프리다이빙의 경우는 깊이 들어가는 것이 목적이 아니라 예쁜 산호초 속에 숨어있는 다양한 물고기를 구경하거나 거북이 등 특별한 해양 생물들을 보고 함께 다이빙하는 것이 대체로 큰 목적이다. 인도양 외딴곳에 떨어져 있는 섬들의 집합체. 몰디브에서 볼 수 있는 생물들은 스케일이 조금 달랐다. 가는 곳마다 특별한 바다 생명체들을 볼 수 있었으니 기억에 남는 다이빙 포인트를 하나씩 소개해 볼까 한다.

몰디브에서는 리브어보드 가이드 전문가 파비 강사와의 만남으로 일정이 시작되었다. 몰디브에서만 15년 이상 활동하고 있었지만 프리다이빙 게스트는 처음이라는 소개와 함께 첫 일정이니 만큼 최대한 만족할 수 있는 일정을 만들어보겠다는 약속을 해주었다. 든든했다. 우리는 수도인 말레에서 시계 방향으로 중앙 몰디브의 아톨[55]을 7박 8일 동안 한 바퀴 도는 일정으로 일정이 진행된다고 했다.

....

55) Atoll(아톨) : 산호에 의해 둘러싸인 반지 모양의 작은 섬들, 이 섬들의 군락을 아톨이라는 단위로 묶어서 나누는데 우리나라로 치면 도(道) 단위의 행정구역으로 이해하면 된다.

▲ 〈곰치 아파트〉 한 마리도 보기 힘든 곰치들이 작은 굴속에 옹기종기 모여 살고 있다 자세히 보면 사진 속에도 벌써 3마리나 되는 큰 녀석들이 입을 벌리고 있다. 나무에서 떨어지는 감을 기다리는 것같이 보인다.

2

다이빙 장소마다
대형 어종이 쏟아져

체크 다이빙을 마치고 점심 먹기 전 간 곳에서는 돌문어로 보이는 문어 두 마리가 반겨주었다. 한국에서도 자주 볼 수 있는 것이긴 하나 낮에 산호 사이를 헤엄치면서 다니는 모습은 다큐멘터리 〈나의 문어 선생님〉에서 보는 것처럼 신비롭게 느껴졌다. 잡아서 저녁 안주로 삼고 싶은 장난기가 잠시 발동하기도 했지만 대자연의 품에서 그런 욕망은 잠시 내려놓아야 했다. 그리고 하루 세 번 새로운 포인트를 찾아서 펀 다이빙을 했다. 얕은 곳은 5m부터 시작해 조류에 떠밀려 200m가 넘는 곳까지 경험하게 되었다. 어떤 곳은 조류가 너무 심하고 시야가 좋지 않아서 프리다이버들에게는 적합하지 않은 장소도 있었다. 하지만 조류가 심하고 물살이 센 몰디브에서는 예상치 못한 대형 어종들이 나타났다.

이제 거북이들은 자주 볼 수 있을 무렵. 세 번째 날 아침이었던 것 같다. 햇살이 쏟아지는 고요한 인도양의 아침은 깨끗한 빛이 파도를 어루만지고 있었다.

이날 첫 다이빙으로 배에서 내려서 바닥을 내려다보니 7~10m 깊이에 산호 군락이 화려한 곳이었다. 한참을 넋 놓고 화려한 물고기떼를 보고 있는데, 어두운 물속에서 크기가 3~4m는 되어 보이는 거대한 물고기가 비행접시처럼 조용히 접근해 오고 있었다. 전날 밤에 나이트 다이빙 때 보았던 대형 만타 가오리가 몰려오고 있었다. 벌건 대낮에

▼〈대형 만타 가오리〉 평균 길이기 3-4m에 달하는 초대형 어종 중 하나다. 조류가 세고 플랑크톤이 많은 인도양에서 자주 목격되는 어종이지만 프리다이버들이 놀고 있는 5~7m 수심까지 올라오는 것은 매우 드문 일이었다.

대형 만타가 프리다이버 근처로 다가오다니 신비한 경험이었다. 보통
은 10m 넘는 곳에서 볼 수 있다고 알려져 있는 어종인데 이날 우리 가
까이로 다가왔다. 아폴론의 태양 마차를 타고 온 바다의 여신 테티스
가 산책을 하며 데리고 온 호위 무사들처럼 느껴졌다. 여신의 배려가
없었더라면 볼 수 없었을 광경이리라.

▲ 〈고래상어〉 필리핀 오슬롭에서도 자주 볼 수 있는 고래상어지만 인도양에 위치한 몰디브의
고래상어는 좀 더 야생성을 갖고 있었다. 인간들 곁에서 머무는 것이 아니라 유유히 헤엄쳐가
는 모습을 따라다니며 구경해야 했다.

이날 이후 여신의 바다는 또 다른 바다의 신 포세이돈과 경쟁하듯
새로운 모습을 우리에게 보여주었다. 인도양에서 야생 상태로 살아가

는 고래상어를 3마리나 볼 수 있었다. 느리게 헤엄치는데도 얼마나 빠르게 움직이는지 무거운 카메라를 들고 따라가는 게 여간 고생이 아니었다. 고래상어 한 마리가 수십 명의 사람들에게 쫓긴 형국이 되었으니 어쩌면 고래상어 입장에서 보면 그들이 더 희귀한 경험을 한 것일지도 모르겠다.

▲ 〈널스 샤크〉 널스 샤크 떼가 20년 이상 이곳에 모여서 먹이 활동을 하고 있다고 했다. 아마 근처에 있는 리조트에서 관광객에게 보여주기 위해서 오랫동안 먹이를 조금씩 주고 있는 것 같았다. 자연스럽게 배고픈 상어떼가 아침이면 모여드는 포인트다.

다이빙 5일 차쯤 되던 날 체력도 조금 떨어지고 더 이상 새로운 볼거리가 없다고 생각했다. 의욕이 조금씩 떨어질 무렵이었는데 채윤 강사

프리다이빙 산책

가 어디서 영상을 봤는지 널스 샤크 떼를 보러 갈 수 있냐고 물어봤다. 곧바로 배에서 리더 격인 이쎄와 사뻬에게 부탁을 했더니 다음 날 장장 3시간이 넘는 이동을 해서 그 광경을 현실로 만들어주었다. 한 장소에서 100마리가 넘는 상어떼와 함께 프리다이빙을 즐기던 모습은 어떤 프리다이버에게도 특별한 경험이 되리라고 생각한다. 상의를 해서 이동하면서도 만날 수 있을지 100% 확신은 없었다. 이들도 처음 찾아가 보는 널스 샤크 떼라고 했다. 다행히 포인트에 도착해 보니 우글우글 한곳에 모여있었다. 행운의 여신 니케가 웃고 있는 듯했다.

▲ 〈이글 레이〉 가오리처럼 생겼지만 스팅레이와 달리 입 부분이 뽀족하게 돌출되어 있다. 대형 만타보다는 훨씬 작고 전체적으로 둥근 스팅레이에 비해서 몸매가 날렵해 보이는 물고기다.

이 밖에도 블랙팁, 화이트팁, 레몬샤크, 스팅레이, 이글레이, 곰치, 유니콘 물고기, 버터플라이 물고기, 거북이 등 셀 수 없이 다양한 해양 생물을 만날 수 있는 기회가 있었다. 인간의 발이 닿기 힘든 먼바다까지 나오니 거대한 생명의 바다가 숨 쉬고 있는 모습을 마주할 수 있었다. 첫 해외 투어에 참여한 분들은 앞으로 어디를 가도 더 멋진 풍경을 보기 힘들지도 모르겠다.

▲ 〈거북이와 나〉 거북이는 예상치 못할 때 종종 나타나곤 했다. 한 다이버가 물속으로 내려가자 거북이도 반갑다는 듯이 몸을 세워서 하강하는 모습이 자연스럽다.

▲ 〈잠자는 널스 샤크〉 우리가 타고 다니던 리브어보드 메인 보트 아래에 잠자고 있었다. 어느 날처럼 점심 다이빙을 마치고 쉬면서 스노클링을 하고 있는데 한 팀원이 10m 아래에서 잠자고 있는 상어를 발견했다. 제주 아쿠아리움에서 보던 느낌과는 아주 달랐던 엄마와 아기 상어.

몰디브는 수온이 29-30도로 아주 따뜻한 바다다. 위도상
적도 부근에 가깝게 위치하고 있어서 그렇다. 따뜻한 바다
에는 화려한 열대 물고기들이 많이 살고 있는데 사람들을
많이 봐서 그런지 가까이 다가가도 도망갈 생각이 없는 듯
하다. 서로를 신기하게 바라볼 뿐.

일곱 밤을 자고도 짧게 느껴졌던 몰디브 리브어보드 투어가 끝나고 한국으로 무사히 돌아왔다. 나는 이날부터 더 바빠졌다. 수천 장의 사진과 영상들을 정리하고 편집하는 일이 우리를 기다리고 있었다. 막막한 양이었지만 열흘이라는 자가격리 기간을 이용해서 오히려 방해받지 않고 마무리를 할 수 있었다. 팀원들이 만족할 만한 사진과 영상들이 쏟아졌다. 오랜만에 나갔던 해외 프리다이빙 투어를 돌아보면 작은 안전사고도 없이 이번 투어를 성공적으로 마쳤다. 바빠서 어떻게 될지는 모르겠지만 매년 1년에 한 번 정도는 해외 다이빙 투어를 꼭 나가야겠다는 생각을 해본다. 아직 인간들에게는 미지의 세계로 남겨진 바다가 많이 남아있고, 죽기 전까지 다 가볼 수도 없겠지만 바다를 신들의 영역으로만 남겨두기에는 프로메테우스가 흙을 빚어 만든 인간의 호기심이 프리다이버들을 가만두지 않을 것 같다.

프리다이빙 산책

책 전반에 걸쳐서 설명하려고 노력한 메시지는 평범한 사람들도 누구나 프리다이빙을 시작할 수 있다는 것이다. 프리다이빙도 우연한 기회에 시작하는 수영이나 테니스처럼 체계적으로 배우면 누구나 즐길 수 있는 생활 스포츠다. 나의 경험을 봐도 여행을 통해서 우연히 느낀 경험을 즐기다 보니 어느 순간 강사까지 되었다. 다행히 아이들은 누구나 물을 좋아한다. 성장하는 환경에 따라서 물을 무서워하거나 물에서 노는 즐거움을 잠시 잊어버리기도 하지만, 물속에서 진화하고 생존하던 본능을 자신도 모르게 간직하고 있다. 나는 프리다이빙을 배우러 오는 학생들에게 종종 이런 말을 건넨다.

"제가 프리다이빙을 가르쳐 드리는 게 아니라 여러분의 몸속에 있는 재능을 발견하도록 도움을 드릴 뿐이에요."

육지에서 즐길 수 있는 재미있는 취미 생활도 많지만, 지구의 대부분을 차지하는 바다의 신비로움을 경험하지 못하고 평생을 산다는 것은 너무 큰 손실이 아닐까? 배우고는 싶으나 겁이 나서, 용기가 없어서 시작하지 못한 분들이 있다면 우선 지역에 있는 프리다이빙 센터를 찾아서 상담해 볼 것을 추천한다. 생각보다 어렵지도 않고 배우는 과정에서 즐거움을 느끼게 될 것이다. 운이 좋다면 물속의 버디뿐만 아니라 취미를 공유할 수 있는 평생의 버디를 찾게 될지도 모른다.

2020년 지구 행성에서

프리다이빙 강사, **최재호**

작가의 말

프리다이빙 산책

ⓒ 최재호, 2020

초판 1쇄 발행 2020년 8월 15일
　　　2쇄 발행 2022년 3월 29일

지은이　　최재호
교정교열　최효은, 이정혁
펴낸이　　이기봉
편집　　　좋은땅 편집팀
펴낸곳　　도서출판 좋은땅
주소　　　서울특별시 마포구 양화로12길 26 지월드빌딩 (서교동 395-7)
전화　　　02)374-8616~7
팩스　　　02)374-8614
이메일　　gworldbook@naver.com
홈페이지　www.g-world.co.kr

ISBN　979-11-6536-669-8 (03690)